스스로 가능성을 여는
아이의 발견

EBS 교육대기획

스스로 가능성을 여는
아이의 발견

EBS〈학교의 고백〉제작팀 지음
EBS MEDIA 기획

북하우스

여는 글

스스로 배움을 여는 아이들

'학교'라는 이름으로 팀이 만들어져 2010년 〈학교란 무엇인가〉란 타이틀로 10편의 교육 다큐멘터리를 만들었다. 많은 영광을 얻었고 오랫동안 감사했다. 책임감도 피할 수 없었다. 예상보다 뜨거운 반응은 그간에 우리 교육이 처한 어려움을 실감하게 만들었다. 그리고 우리는 "학교란 무엇인가?" 질문을 넘어서는 교육 이야기를 다시 해보고 싶다는 마음으로 교육대기획 시리즈를 이어갔다.

제목부터가 고민이었다. 미처 못다 한 말을 하고자 할 때 쓰는 말인 '고백'이 다큐멘터리의 제목이 되었다. 도무지 어울릴 것 같지 않은 학교라는 말과 짝을 이루어서 말이다. 붙여놓고 보니 두 단어는 묘하게 맞물리는 맛이 있었다. 그 조화가 씁쓸하고 서글펐다.

학교는 얼마나 많은 고백을 하고 싶었을까? 우리는 최소한 하루 반

나절을 보내야 하는 그 닫힌 구조 속에서 교육은 죽었다는 아우성 말고 그 이면에 정말 사랑하고 연민하는 존재가 담긴 진짜 학교 이야기를 하고 싶었다.

그 이야기를 찾아나선 길에 생각보다 많은 답이 있었다. 꾸준히 제 길을 가서 성과를 이룬 현장도 많이 만났고 의미 있는 모색도 눈에 띄었다. 방송을 통해서 실험해본 프로젝트들 중에서는 성공적인 것들도 많았다. 현실의 벽에 부딪혀서 그 실효성을 의심했던 교육 실험들은 막상 현장에 대입해놓고 보니 다양한 가능성으로 다가왔다.

여기 『스스로 가능성을 여는 아이의 발견』은 방송 10부작 중에서도 아이의 숨은 잠재력을 끌어올리고 가능성을 확장하는 교육 프로젝트에 초점을 맞추었다. 이 책에서 소개되는 놀이 교육 프로젝트, 교실 속 정치 실험, 특수학교의 미술 교육, 학습 혁신 프로젝트는 '과연 될 것인가'에서 시작해 하나하나 깨달음을 얻어가는, 발견의 과정이었다. 현실적인 조건 때문에 불가능하다고 여겼던 프로젝트들이 의외의 상황에서 실마리를 얻는 과정을 지켜보면서 교육은 잘 만들어진 것을 주는 것이 아니라 고민하는 과정 그 자체라는 생각이 들었다.

우선 '유치원의 놀이 교육'은 우리에게 많은 깨달음을 주었던 프로젝트였다. 유아 교육의 출발을 한글 자모 익히기 즈음으로 생각하는 예비 학부모들이 많지만 인지와 정서를 통합하는 발달의 단초가 되는 놀이의 비밀은 알면 알수록 놀라운 것이었다. 정부 지원이 제공되고 있지만 기본적으로 부모가 전적으로 부담하고 있는 우리의 유아 교육은 점점 더 소비자들의 취향을 따라간다. 정말 아이 발달에 필요한 활동보다 돈을 내는 부모의 요구에 부응하고 맞춰가느라 유아 교육 현장의 실무자들은 버겁기만 하다.

성장기의 발달이 압축적으로 이루어지고 가능성이 폭발하는 시기가 영유아기이다. 그 가능성을 무한대로 뻗어나갈 수 있도록 돕는 진짜 놀이는 사라지고 각종 학습 커리큘럼이 그 시간을 대신하고 있다. 아이들은 수업과 수업 사이에 잠깐 놀고 있을 뿐이다. 영유아기 발달의 가장 중요한 자원이 되는 충분한 놀이 시간이 확보되지 않는 것이다. 그 시간 동안 아이들은 배움은 무료하고 지루한 것이라는 인식을 무의식 깊은 곳까지 새겨 넣을지도 모른다. 생각만 해도 아찔한 일이다.

깊은 만족감과 즐거움, 놀라울 정도의 몰입을 통해서 인지 발달을 이룰 수 있는 놀이의 세계로 이끄는 길은 쉽지 않다. 놀이 교육은 어린 아이들에게 그냥 놀라고 말하는 것이 아니다. 물론 놀이를 위한 시간을 확보하고 마음껏 놀도록 해주는 것이 시작이지만 교사와 부모가 개입해야 할 때와 하지 말아야 할 때, 해야 한다면 어떻게 왜 해야 하는지를 잘 알고 있는 것이 무엇보다 중요하다.

방송 이후 신선하다는 평을 많이 들었던 '정치 교육 프로젝트'는 '정치'의 개념을 긍정적으로 풀고, 그 안에서 능동적으로 움직이는 아이들의 사회를 들여다보기 위해 출발한 프로젝트였다. 얼핏 보면 정치 교육이 선거라는 사회적 행위를 가르치는 일처럼 보이지만 실은 학급 공동체가 사회성과 주체성을 키우기 좋은 공간이라는 발견이 숨어 있다.

정치·사회·경제 여러 가지 영역에서 고유성을 가진 무수히 많은 '나'는 어떻게 자신의 고유성을 훼손하지 않고 '우리'가 될 수 있을 것인가?

그 안에서 필연적으로 발생하는 반목을 극복하기 위해서 우리의 태도와 생각은 어떠해야 하는가?

'자신을 세우고 더불어 살아가기'라는 삶의 기술을 가르치기 위해서 선거라는 양식을 빌어, 공동체 안에서 우리 아이가 어떻게 사람들과 어우러질 수 있을지에 대한 답을 제시하고자 했다. 정치 교실에서 실마리를 얻어 아이들이 행복을 찾을 수 있는 공존의 해답을 얻어갔으면 한다.

'코끼리 만지기 프로젝트'는 눈이 보이지 않는 아이들이 코끼리를 만져보고 그걸 찰흙으로 표현해보는 이야기를 담았다. 단순한 이야기지만 많은 울림이 있었던 프로젝트였다.

별난 체험처럼 보이는 이 다큐멘터리의 이야기 구조 속에는 여러 가지 얼개가 있다. 시각장애 아이들을 데리고 수년간 미술 수업을 하는 엄정순 화가와 그녀가 아이들에게 만져보게 하고 싶은 코끼리. 태어날 때부터 혹은 어느 날의 사고로 눈이 보이지 않게 된 아이들이 눈 대신 더 민감해진 감각으로 느껴보는 하루하루가 한 편의 다큐멘터리 안에 담겨 있다.

한 사람의 진짜 이야기는 만인의 이야기라고 했던가? 아이들을 지켜보면서 배움의 기회가 주어진다는 것은 삶의 기회가 주어지는 것과 같다는 생각이 들었다. 배울 수 있을 때 우리는 더 많이 발견할 수 있게 되고 그때 우리의 차원에서 이해할 수 없는 것들, 나와 다른 것들과 소통할 수 있는 힘이 생길 것이다. 우리는 '코끼리 만지기 프로젝트'를 통해 그런 배움에 대해서 이야기하고 싶었다.

'역전클럽 180'은 그야말로 꼴찌들의 반란을 다룬 프로젝트였다. 공부도 다 때가 있다는데 내가 마음먹었을 때가 바로 그때라면 얼마나 좋을까? 공부는 마음가짐에 달렸다는데 과연 사실일까? 그런데 꼴찌가 꼴찌인 진짜 이유는 뭘까?

　이 다큐멘터리는 꼴찌의 진짜 이유는 자존감에 있다고 감히 말한다. 프로젝트에 참여한 아이들의 공통된 문제점은 바로 자신감 부족이었다. 성적이 나쁘다보니 자신감이 떨어지고 자신감이 떨어지니 만사 부정적이 되는 악순환의 고리를 끊어야 했다. 근본적인 자존감을 회복시키기 위해서는 부모의 역할이 중요하다. 아이를 인정하고 격려하는 공감형 대화를 통해 부모는 아이들이 돌아와 쉴 곳이 되는 베이스캠프가 되어야 한다.

　프로젝트가 끝난 후, 역전클럽 아이들이 가장 좋아진 부분은 성적보다 자존감의 향상이었다. 가장 나빴던 부분이 좋아졌으니 잠재력은 성큼 자랐을 것이다. 공부를 못해도 다른 일을 할 수 있지만 자존감을 잃어버린 아이들은 어떤 일도 하기가 어렵다. 그게 진짜 악몽이라는 것을 다 큰 자식을 둔 부모들은 이미 잘 알고 있다.

　사람이라는 존재는 뭔가를 배우고 익히고 싶어 한다. 갓 태어난 아이가 버둥대며 뒤집고 무릎으로 기다가 어느 날 일어서서 말문이 트이는 과정이 그 증거다. 만약 아이가 기고 싶어 하지도, 걷고 싶어 하지도 않는다면 부모는 애가 탄다. 급한 마음에 허둥대며 병원을 알아볼 것이다. 아이가 아무것도 배울 마음이 없다면 어떨까? 우리 아이는 원래 이렇다면서 더 아이를 몰아세운다. 이미 배움이 버거워 몸과 마음에 체증이 생긴 아이에게 말이다.

건강하게 잘 자란 아이들은 무언가를 배우고 싶어 한다. 부모가 원하는 때에 원하는 것을 배우는 것이 아니라, 강요하지 않아도 늘 무언가를 배우고 싶어 한다. 자기가 원하는 것을 배우다 보면 다른 일에도 하나둘씩 관심을 가지게 되는 법이다. 가르치고 싶어 하는 것보다 배우고 싶어 하는 것을 유심히 보는 것이 우리 교육의 시작이 될 것이다.

이 책은 그런 교육에 대한 고민이 있을 때 곁에 두고 보길 권한다. 10부작 방대한 양의 다큐멘터리였지만 미처 담지 못한 이야기도 많았다. 책에서는 방송에서 다 하지 못한 세세한 정보와 취재 현장의 드라마들이 풍부하게 펼쳐져 있다. 긴 시간에 걸쳐 취재했으나 편집된 여러 교육 기관의 연구 성과와 연구진들의 중요한 제언도 빠짐없이 담았다.

멀리 보고 오래 즐겁게 달릴 수 있기 위해서 아이에게 꼭 필요한 것은 기초 체력이다. 당장 눈앞의 결과보다 아이 앞에 놓인 긴 인생에서 아이의 행복한 성장을 위해 무엇을 심어주어야 할 것인지 고민하는 어른들이 많아졌으면 좋겠다. 그 사람들의 곁에 서서 그 길을 함께하고 싶다.

EBS 〈학교의 고백〉 제작진을 대표하여
권종남

인트로

삶의 가장 큰 경쟁력을 찾아서

데이비드 스미스David Smith가 쓴 『지구가 100명의 마을이라면』은 약 70억 명이 사는 지구를 100명이 사는 마을로 축소해 공존하는 세계의 다양한 모습을 보여준다.

아시아인은 61명,
여성은 52명,
수도 시설이 없는 곳에 사는 사람이 38명,
영양 부족에 시달리는 사람이 50명,
텔레비전이 있는 사람은 24명,
장애가 있는 사람은 9명,

그리고
글을 읽지 못하는 사람은 14명,
중등 수준의 교육을 받은 사람은 14명,
대학 교육을 받은 사람은 1명

이것은 환경, 빈부의 격차, 전쟁 등에 대한 강력한 메시지를 전달하면서도 우리와 환경과 처지가 다른 사람들이 세상에 이렇게 많다는 것을 새삼 깨닫게 한다. 좋은 집에 살고, 먹을 것이 풍족하고, 장애 없이 태어나는 사람은 극소수이다. 그중에서도 대학 교육까지 받는 사람은 극소수 중의 극소수다. 지구 마을을 대한민국으로 옮겨오면 그 사정은 조금 달라진다. 교육열이 높은 한국의 특성상 교육 환경에 있어서만큼은 평균치를 웃도는 통계를 보여줄 것이다.

양적으로는 성장했어도 질적으로는 획일화된 교육 체계를 벗어나지 못한 것이 지금의 현실. 그 문제점을 해결하기 위한 노력들은 꾸준하게 이어져 왔다. 일반고 외에 외국어고, 국제고, 예술고, 과학고 등의 특목고를 비롯하여 특성화고, 자율고 등 다양한 형태의 학교들이 개교했고, 1997년 처음 간디학교가 개교한 이래 대안학교도 꾸준히 늘어나는 추세다.

여러 형태의 학교들이 잇달아 개교하며 다양한 가능성과 재능을 가진 학생들에게 맞춤 교육이 제공될 것으로 기대했지만 입시 경쟁으로 대변되는 학교 제도를 거스르지는 못했다. 사람마다 개성이 다 있듯 학교 또한 나름의 특성이 있고 상황이 다른데, 그 설립 취지가 무색하게도 국제중, 특목고는 명문대로 직행하는 엘리트 코스로 인식되었다.

진정한 교육은 아이가 행복한 삶을 만들고 행복을 추구할 수 있는 길잡이가 되어야 한다고 말한다. 그리고 그 행복한 삶의 가장 큰 경쟁력은 아이의 가능성과 미래를 열어주는 것에서부터 출발한다.

2010년 방영된 EBS 교육대기획 〈학교란 무엇인가〉는 공생은 없고 이겨야 하는 경쟁만 있는 학교, 관계와 믿음이 실종된 학교의 민낯을 가감 없이 보여주면서 교육계를 포함한 사회 전반에 뜨거운 화제를 불러왔다. 하루 152명이 학교를 떠나는 학교의 문제를 말하면서도 진정한 배움 속에 학교의 역할이 있다는 근본적인 물음을 외면했던 사람들에게 '행복한 학교란 무엇인가'라는 의미 있는 화두를 던졌다. 그 속에서 아직 학교는 대다수 아이들에게 배움의 공간이자 쉼터라는 희망을 발견할 수 있었다.

방송의 반향은 엄청났다. 아이들의 숨겨진 가치와 가능성을 외면하는 시대에 던지는 조용하지만 묵직한 메시지. 답답한 대한민국의 교육 현실 속에서 힘겹게 세상과 싸우는 부모와 교사, 그리고 학생들은 〈학교란 무엇인가〉 방송 이후 아낌없는 격려와 지지를 보냈다. 이렇게도 많은 이들이 교육의 현실에 목말랐나 싶었을 정도로 그 반응은 절절하고 뜨거웠다.

〈학교란 무엇인가〉 방송은 커다란 센세이션을 일으켰지만 방송 이후 세상은 눈이 번쩍 뜨일 만큼 달라지지 않았다. 여전히 교육계 현장 곳곳에서는 수없는 절망의 외침이 들린다. 왕따 문제나 학교 폭력으로 아이들은 신음하고, 학교는 서열화의 한복판에서 계급화의 도구가 되었다는 자조 섞인 이야기가 흘러나온다. 하지만 분명 〈학교란 무엇인가〉를 통해 우리의 교육은 한 발짝 의미 있는 한 걸음을 내딛으며 희망의 씨앗을 뿌

2010년 방송된 교육대기획 10부작 〈학교란 무엇인가〉.

렸다.

〈학교란 무엇인가〉는 새로운 출발 선상에서 다시 섰다. 〈학교란 무엇인가〉의 가장 큰 성과라면 '학교는 변해야 한다'는 필연적인 과제에 많은 이들이 이를 공감하게 하고 희망을 선사했다는 점이다. 그리고 〈학교란 무엇인가〉의 연작으로 기획된 교육대기획 〈학교의 고백〉은 희망 이후 실질적인 대안을 제시하고 싶었다. 그렇다면 학교가 제대로 가르치기 위해서는 어떤 변화들이 있어야 할까? 학교의 변화를 말하면서도 학교 밖 타자의 시선으로 바라보면 학교 문제는 해결되기 어렵다. 교육 현장의 다양한 현상을 냉정하게 분석하는 것 외에는 현실적인 대안들을 내놓지 못하기 때문이다. 진심으로 학교가 바뀌길 바란다면 학교가 달라지기를 간절히 바라는 학생과 교사의 진짜 목소리에 귀 기울이고 어떤 변화를 끌어낼지 고민해보아야 한다.

〈학교의 고백〉은 진정한 교육이 있는 학교를 만들기 위한 다양한 교육 현장을 통해 교육의 미래를 보기로 했다. 그리고 실험적이면서도 의미 있는 교육 프로젝트에 접근해보기 위해 대한민국 곳곳에 숨어 있는 특별한 교육 기관을 찾아갔다. 6개월의 기적을 일으킨 유치원에서의 놀이 배움, 초등학교에서 이루어진 정치 실험, 꼴찌라서 괴로운 아이들의 자존감 회복기, 미술 교육에서 소외된 맹학교의 코끼리 만지기 프로젝트, 변화의 갈림길에 선 공립학교의 속내, 실업고등학교의 학생과 교사들의 눈물겨운 노력 등 주류 교육에서 비껴나 있지만 우리가 꼭 기억해야 할 교육의 메시지를 찾아 교육 프로젝트의 내용을 다변화시켰다.

〈학교의 고백〉이 1년 여가 넘는 제작 기간 동안 가장 집중한 것은 진실한 학교의 고백이었다. 교사와 학생이 토해내는 내밀한 이야기들에

· · ·

〈학교의 고백〉이 던지는 질문.
교육의 주인은 누구인가?

귀를 기울이자, 그동안 누구에게도 말하지 못한 교육 현장의 뿌리 깊은 고민과 변화를 갈망하는 목소리들이 들려왔다. 하지만 무엇을, 어떻게 접근해야 하는지에 대해서는 혼란이 있었다. 그리고 그 혼란의 중심에는 학교의 주인인 아이들이 있었다. 진정한 교육은 아이가 행복한 삶을 만들고 추구할 수 있는 길잡이가 되어야 한다고 말하지만 아직도 학교 안에는 공부 못해 서러운 아이들이 있고, 초등학교 입학 전에 알파벳, 한글, 숫자 정도는 완벽하게 마스터해놔야 안심이 된다는 엄마들에 의해 즐거운 놀이 시간을 빼앗기고 학원으로 향하는 아이들이 있다. 교육의 사각지대에서 어른들의 편견으로 공부 외의 빛나는 재능을 펼치지 못하는 아이도 있다.

사람마다 개성이 다 있듯 학교 또한 나름의 특성이 있고 상황이 다 다르다. 그 다름을 알고 인정해주는 데서 교육이 시작되지만, 우리는 '학교란 이런 곳이어야 한다'고 일반화시키고 있다. 그러다 보니 학생과 교사, 학교를 그저 하나의 덩어리로 보고 학교의 기능을 인력을 생산해내는 공간으로 인식한다.

개개인이 모두 본연의 자신이 될 수 있는 곳, 그곳에 진정한 학교의 의미를 둔다면, 행복한 삶의 경쟁력을 키우기 위해서 아이의 가능성을 발견하고 미래를 열어주어야 한다. '제대로 가르치기 위해서는 어떠한 변화들이 필요한가'라는 물음에 제작진이 던진 해법은 학교 현장에 적용할 수 있는 학교 변화 프로젝트를 선보이는 것이었다. 학교 공교육에서 시도하지 않은 실험적인 프로젝트들은 공교육 부활의 새로운 희망이 되었다.

학교에 교육은 없다는 말로 무너진 공교육을 말하지만 우리는 학교라는 배움의 틀이 필요하다는 걸 안다. 그 배움은 변화를 통해 거듭난다. EBS 〈학교의 고백〉이 다양한 학교 변화 프로젝트를 시도하고 관찰하면서 얻은 결론은 하나. 그것은 바로 아이들을 교육의 주인으로 돌려놓아야 한다는 것이다. 스스로 배움을 터득하는 아이, 내면에서 우러나는 순수한 동기가 자극이 되어 배움의 즐거움을 알아가는 아이, 그 가능성은 바로 아이들에게 무궁무진하게 잠재되어 있다. 내 아이가 주인이 되는 세계. 그 가능성이 마음껏 펼쳐질 수 있도록 우리는 또 하나의 힘찬 발걸음을 내딛으려 한다.

EBS 교육대기획 〈학교의 고백〉을 함께한 제작진

기획 이정욱
연출 정성욱, 김현우, 박유준, 박은미
조연출 채라다, 김명옥, 이은혜, 최호준
글·구성 권종남, 임정화, 이윤정, 박계영

취재작가 조희정, 김아름, 정은지
촬영 조영환, 박혜순, 박치대, 최일권 **기술감독** 정장춘, 정민희, 진대중
음향 김필수, 김종범 **지미짚** 강현준, 이수명 **외부조명** 함형석, 이현권
편집 한명진, 김호식 **외부편집** 조일, 양벙글, 윤기성, 박태현 **그래픽** 김남시
세트 최원석, 이기남, 이진호, 서상석, 방원석, 이대호, 지재용
소품 이희신, 오기선, 주우영, 백승문, 박시열, 노은주
의상 최정은 **음악** 최형원 **녹음** 강희중 **홍보** 정경란, 류은지
사진 장종호 **자막** 김영창
기술지원 김종기, 김대군, 김기백, 이주호
홈페이지 송인희 **블로그** 정다운 **콘텐츠** 김성은
행정 박영수, 강은지, 김세란 **재무** 한정자, 노유진 **타이틀** 정우철
모니터 유지향, 이유리 **효과** 이용문 **홍보** 유귀성

EBS 교육대기획 '교육 변화 프로젝트'!
실제 교육 현장에서 적용할 수 있는 내용을 담았다!

EBS 교육대기획 『스스로 가능성을 여는 아이의 발견』은
〈학교의 고백〉 10부작 방송 중에서 교육 프로젝트 내용을 담아
아이의 주체적인 삶에서 비롯되는
'아이의 가능성'에 초점을 맞추어 재구성하였다.

EBS 〈학교의 고백〉 제작진의 노력, 참여 전문가와 아이들의 바람을 바탕으로 〈학교의 고백〉이 세상 밖으로 나왔습니다. 〈학교의 고백〉을 통해 교육을 향한 뜨거운 희망의 메시지가 전해졌기를 바랍니다. 〈학교의 고백〉 10부작은 2권으로 발간될 예정입니다.

 contents

여는 글 스스로 배움을 여는 아이들 • 4
인트로 삶의 가장 큰 경쟁력을 찾아서 • 10

 PART 1
내 아이가 주인인 세계
– 자기주도성이 가능성이다

스스로 배우는 아이, 그 놀라운 경쟁력
내 아이가 주인인 세계 • 28
아이 내면에 스스로 일어나는 배움 • 30

아이들의 즐거운 발견
즐거움에서 출발하는 내적 동기 • 34
상징으로 배운다 • 37
모방의 즐거움 • 41

흥미가 가능성을 이끈다
흥미로움의 유혹 • 44
새싹반의 변화 • 48
아이들은 상상 이상이다 • 52

Bonus Tip
가능성이 자라는 아이, 스스로 배우는 아이 • 56
– 자기주도성을 바탕으로 아이의 가능성을 키우는 방법

PART 2
삶을 주도하는 자기조절력의 힘
– 놀면서 자라는 아이, 배움을 얻다

무엇이 아이들을 달라지게 만든 걸까
스스로 느끼고 조절한다 • 62
프로젝트의 시작 • 69
놀이 실험으로 본 자기조절능력 • 71
공간 바꾸기 실험과 아이들의 변화 • 78
아이들은 이미 진화할 준비가 되어 있다 • 83

기억력과 인지 능력이 높아지다
대한민국 유치원생들이 노는 법 • 86
상상 놀이의 효과 • 88
캠핑 실험에서 나타난 기억력의 차이 • 92
6배의 차이는 어디서 온 것일까 • 96

혼자가 아닌, 함께의 즐거움
〈호랑이와 팥죽 할멈〉 극놀이 • 98
혼자서는 완벽할 수 없다 • 102
놀면서 성장하는 아이들 • 104
아이들에게 지금 필요한 것은 • 108
30년 후 내 아이는 • 110

Bonus Tip
오늘은 어떤 놀이를 해볼까 • 114
– 아이와 놀고 싶어도 어떻게 놀아야 하는지 모르는 부모를 위한 팁

정치 교실, 그 속에서 배우는 사회성
– 자신을 세우고 더불어 살아가기

작은 사회, 학교를 생각하다
　　정치, 세상을 읽는 이야기 • 122
　　정치하는 아이, 정치하는 교실 • 126
　　책으로 배우는 정치 • 128
　　정치 교육 프로젝트의 시작 • 131

정치는 어른들만 하나요? 정치 교육 프로젝트
　　초딩, 정치판에 뛰어들다 • 134
　　설득하는 아이, 공감하는 아이 • 139
　　공약 속에 깃든 리더십 • 145
　　자유당과 체육당의 정책 토론 배틀 • 150
　　아이들의 선택은 • 156
　　프로젝트 수업에서 배우기 • 160

사회 속에 당당하게 더불어 살아가는 힘
　　정치 교실, 사회를 읽다 • 162
　　스스로 판단하고 사고하고 행동하라 • 165
　　나를 세우고, 사회 속에 어우러지다 • 167

Bonus Tip
사회성 있는 아이가 정치도 잘해요 • 172
– 사회성 발달을 방해하는 유형별 증상과 해법

PART 4

세상을 이해하는 특별한 능력
– 코끼리 만지기 프로젝트, 감성으로 보는 새로운 세상

교육의 현실, 그리고 진실
차이가 차별되지 않게 • 182
세상의 편견 뒤집기 • 185
다른, 그러나 같은 • 193
손으로 느끼는 세상 • 197
다르게 생각하기 • 203

새롭게 보는 것이 경쟁력인 이유
코끼리 만지기 프로젝트 • 206
아이들은 무엇을 보았을까 • 214
희망이 말을 걸다 • 216
세상을 포용한다는 것 • 221

세상을 들여다보는 법
세상을 보는 시선은 훈련과 연습을 통해 이루어진다 • 224
결과보다 과정의 힘 • 226
세상과 내 아이가 바로 서는 힘 • 229

Bonus Tip
개정 교과의 핵심인 스팀 교육, 어떻게 대비할까 • 232
– 통합 교과와 스팀 교육 제대로 알기

PART 5

내면의 확실한 경쟁력, 자존감
– 역전클럽 180, 내가 나를 존중할 때

학교의 현주소에 도전하다
　대한민국에서 공부 못하는 아이로 산다는 것 • 242
　꼴찌들의 용기 있는 도전 • 246
　왜 공부를 해야 하나요 • 248

공부의 숨겨진 진실, 자존감
　어차피 난 안 돼 • 252
　역전클럽의 힘찬 행보 • 256
　인정과 격려가 필요할 때 • 269
　부모와 아이들의 다짐 속에서 • 271
　스스로 변화를 일구어낸 아이들 • 275
　내가 나를 존중할 때 • 278

공감형 교육이 자존감을 키운다
　아이에게 결정권 돌려주기 • 280
　가치관의 차이가 아이에게 힘을 준다 • 283
　더디고 천천히 가더라도 • 284

Bonus Tip
실패해도 좌절하지 않는 자존감 있는 아이로 키우기 • 286
– 자신감 up, 자존감 up 프로젝트

닫는 글 '학교는 변해야 한다'는 메시지에 응답한 교육 실험 프로젝트 • 290

아이들은 배움에 주도권을 가질 때 최선으로 배운다.
어른 눈엔 더디고, 비효율적으로 보여도 아이들은
어느 시기보다 빨리, 효과적으로 세상을 배워나간다.
즐거움과 내재적 동기에서 시작된 교육, 자신의 삶을 설계해나가는 힘,
자기주도성은 인간의 어떤 단계에서 발현되기 시작하는 걸까?

PART 1

내 아이가
주인인 세계

자기주도성이 가능성이다

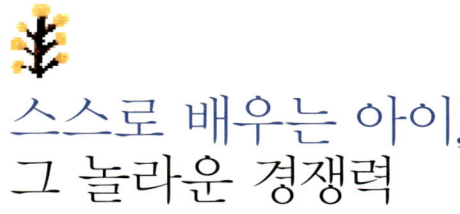
스스로 배우는 아이,
그 놀라운 경쟁력

내 아이가 주인인 세계

　네트워크가 발달하면서 거대한 정보력을 바탕으로 사회도 발 빠르게 변화하고 있다. 끊임없이 변화하는 사회에서 요구되는 것은 자기주도적인 삶이다.
　사람은 어느 시점이 되면 혼자 모든 것들을 결정하고 책임져야 한다. 영유아기에는 부모의 보호를 받지만 점차 아이들은 다양한 상황에서 주도권을 가지고 스스로 문제를 해결하려고 한다. 스스로 무엇을, 어떻게 할지를 결정하면서 아이들은 부모에게 덜 의존하는 법을 터득한다. 때로는 실패도 하고 때로는 성공도 하겠지만, 이처럼 스스로 상황을 파악하고 해결하는 동안 아이는 성취감과 자립심을 키운다.

인생은 끊임없는 도전과 성취의 과정이다. 학교나 가정에서는 무언가를 가르쳐줄 수는 있지만 그것을 자기 것으로 만드는 과정은 누구도 대신해주지 못한다. 때로는 실패할까 불안해하고, 때로는 좌절하겠지만 이와 같은 성공과 실패를 경험하면서 아이들은 성장해나간다. 불안과 걱정을 이겨내고 스스로 노력하는 과정을 통해 자신의 삶도 점차 주도적으로 변한다.

부모가 할 일은 아이를 강압적으로 지시하고 통제하기보다는 아이의 잠재력을 믿고 자발적으로 꿈을 펼칠 수 있도록 믿고 기다려주는 일이다. 그 과정이 적절하게 이루어질 때 아이는 자신을 믿고 사회 속의 한 인간으로 성장하게 된다.

아이는 다양한 방식으로 배운다. 어린아이는 엄마의 모습을 바라보며 손을 흔들고 옹알이를 한다. 엄마가 웃으면 따라 웃고, 손을 흔들면 따라서 손을 흔든다. 이처럼 아이는 엄마와의 상호작용을 통해 같은 몸짓과 소리를 반복하면서 사회화에 필요한 능력을 배워나간다.

아이가 막 걸음을 떼기 시작하는 시기가 되면 그때는 누구에게도 구속받지 않고 무엇인가를 스스로 하려고 한다. 눕거나 엎드려서 자신의 요구를 들어주길 기다렸던 수동적인 상황에서 벗어나 스스로 원하는 것을 얻을 수 있는 기회가 주어졌기 때문이다. 하지만 마음과 달리 미세한 근육이 덜 발달한 탓에 툭하면 실수를 저지르기도 한다. 컵에 우유를 따른다는 게 바닥에 쏟아버리고, 서툰 숟가락질로 밥을 먹다가 반은 바닥에 흘리거나 입 주위에 온통 밥알을 묻히는 불상사를 일으키기도 한다. 생각처럼 일이 잘 되지 않아 "싫어"라는 말을 입버릇처럼 내뱉는 것도 이 시기이다.

하루에 서너 번은 옷을 갈아입혀야 할 정도로 옷은 금세 지저분해지고, 식탁이며 바닥을 끊임없이 쓸고 닦아야 하는 통에 부모도 아이도 피곤해지는 시기이지만, 이 시기는 아이에게 있어서 스스로 자유 의지를 시험하는 더없는 기회이다. 인생은 여러 단계의 도전과 성취로 이어지는데, 한 사람으로서 살아가기 위해 자기주도적으로 행동하고 노력하는 첫걸음을 내딛는 시기인 것이다.

스스로 배운다는 건 누구의 지시나 도움에 의해서가 아니라 자기 자신이 주도권을 가지는 것이다. 공부에 국한된 게 아니라 어떤 일을 하건 자기 스스로 문제를 해결하지 못하기 때문에 발생하는 다양한 문제도, 결국 그 해결책은 '아이 중심'이 되어 스스로 상황에 직면해 돌파해나갈 수 있도록 내면이 성장하게끔 도와주는 데 있다.

아이 내면에 스스로 일어나는 배움

일본 공교육을 개혁하는 데 앞장서고 있는 사토 마나부 佐藤學 도쿄대학교 교수는 '배움의 공동체' 교육으로 유명하다. 한 명의 아이도 배움으로부터 소외되지 않고, 한 명의 교사도 남김없이 교육의 전문가로 성장하는 학교로 만들겠다는 것이다.

그는 그의 저서 『교사의 도전』에서 공부와 배움의 차이점을 명쾌하게 정리하고 있다. 공부는 무리해서 행하는 일, 항상 마지막을 알리는 일, 주어진 과제를 하나하나 처리해가는 작업, 앞으로 전진하는 일이다. 배움은 주체적으로 행하는 일, 언제나 시작을 준비하는 일, 항상 시작

점에서 출발해야 되는 일이다. 공부는 일방적이지만 배움은 경험과 경험을 오가며 묻게 만들고, 물음을 해결하기 위해 더 깊이 묻기 때문에 끝없이 배운다고 한다. 배움이 중심이 되면 어떻게 가르쳐야 할 것인가는 더 이상 중요하지 않다. 아이들이 어디에서 배우고 어디에서 주춤거리는가를 아는 것이 중요하다.

실제로 배움은 특수한 능력이 아니다. 누구나 가지고 태어난다. 부모는 아이가 배우려고 하지 않는다고 탓하지만, 그것은 배우려하지 않는게 아니라 배움의 본능을 잃었거나 배움의 본능이 잘못된 길로 갔기 때문이다. 실제로 책을 읽거나 새로운 정보를 얻는 과정이 재미있으면 시간도 쏜살같이 흐른다.

배움의 공동체에서는 일방적으로 전달하고 설명하고 평가하는 수업을 지양한다. 관계 속에서 서로 교류하고 공유하며 배움을 실현한다. 친구의 말에 귀를 기울이고 자신의 생각을 표현하며 친구와 연결됨을 느끼면서 배움의 가치를 알아가는 것이다. 단순해 보이지만 아이는 침착한 배움을 통해 자신의 가능성도 열어간다고 한다. 단, 수업에서 듣기가 잘 실현되기 위해서는 교사는 아이들을 존중해야 한다. 아무리 주제에 어긋난 발언이라도 깊이 신뢰하고 기대하면 아이들은 자유롭게 사고할 수 있다. 그 과정은 배움으로 전환되고 교사와 학생, 학생과 학생은 서로 듣는 관계를 형성한다.

사토 마나부 교수의 배움의 공동체 운동은 많은 발전이 있었다. 그가 말한 배움의 공동체를 학교 모델로 채택한 많은 학교에서 학교 폭력이 거의 제로에 가깝게 사라졌고, 결석생도 대폭 줄었다. 수업에 대한 관점이 바뀌면서 다닐 만한 학교가 된 것이다.

『아이들은 어떻게 배우는가』의 저자 존 홀트John Holt는 배움이 일어나는 경우를 좀 더 구체적으로 표현한다. 아이가 태어난 이후 자연이나 엄마, 아빠와 살아가면서 획득하는 모든 것이 배움이며 이것이 모든 가치를 능가한다는 것이다. 그리고 자신감, 독립심, 참을성, 이해력 등 모든 능력을 키우는 방법은 단 하나, 아이들을 사랑하고 그들과 함께하는 매 순간을 기쁘게 즐기는 것이다. 어른 눈엔 더디고, 비효율적으로 보여도 아이들은 이 과정을 통해 그 어느 시기보다 빨리, 효과적으로 세상을 배워나간다.

그는 학교에서의 삶은 흥미도 없는 지식을 억지로 익히는 시간 낭비일 뿐이라고 노골적으로 말하지만, 그 뒤에는 학교 개혁의 기대가 깔려 있다. 자기주도적이고 흥미로운 배움을 실천하기 위해서는 사람과 배움을 통합시켜야 한다고 말한다. 영어 학원에서 오래 공부한 사람보다 영어권에서 살아본 경험이 있는 사람이 영어를 훨씬 더 잘하듯이 무언가를 경험하면서 실수하고 연습하고 보완해가며 배워야 한다는 의미다. 요리 잘하는 사람은 '학습'이 아니라 실수하고 연습하고 보완했기 때문에 잘하는 것이다.

두 사람은 '배움'에 대해 다르면서도 비슷하게 접근하지만, 그들의 공통된 견해는 아이들은 흥미와 호기심으로 배운다는 점이다. 어른들을 기쁘게 하거나 타의에 의해 배우는 건 오래가지 않는다는 것을 부모들은 오랜 경험으로도 잘 알고 있다. 아이들은 배움에 주도권을 가질 때 최선으로 배운다.

7차 교육 과정 이후 대세로 떠오른 자기주도학습도 학생 스스로 공부를 하도록 만들어야 하며, 실제로 스스로 공부하는 사람이 더 많은 배움을 얻는다는 데 기인한다. 선생님이나 부모가 일방적으로 가르치는 전통적인 교수 중심의 수업 방법은 효과가 적으며 무엇을, 왜 해야 하는지 스스로 인지해서 이루어지는 학생 중심의 수업일 때 학습의 효과가 크다는 것이다. 자신이 하고자 하는 것은 즐겁다. 그것은 인간에게 각인된 본능이다.

즐거움과 내재적 동기에서 시작된 교육, 자신의 삶을 설계해나가는 힘, 자기주도성은 인간의 어떤 단계에서 발현되기 시작되는 걸까? 자기주도성과 자발성은 만 6세까지 모두 발달한다고 한다. 그렇다면 아이의 자기주도성과 자발성이 폭발적으로 발달하는 '결정적 시기'에 우리 아이들에게 가장 필요한 것은 무엇일까?

아이들의
즐거운 발견

즐거움에서 출발하는 내적 동기

 '개미와 베짱이'라는 이솝우화가 있다. 한여름에도 부지런하게 일한 개미는 겨울을 편안하게 나지만, 일년 내내 음악만 연주하며 놀던 베짱이는 알거지가 되어 동냥을 다닌다는 이야기다. 이야기의 교훈에서도 잘 알 수 있듯이 인간은 산업 시대부터 개미처럼 일하는 호모 파베르_{도구적 인간}에 의미를 두었다. 하지만 현대 사회로 갈수록 호모 루덴스가 더 설득력을 얻고 있다.
 호모 루덴스는 유희의 인간, 즉 놀이하는 인간이다. 이 말을 처음 정의한 네덜란드의 역사학자 요한 하위징아_{Johan Huizinga}는 누구보다 놀이의 고차원적인 속성을 잘 이해했다. 인간의 문화는 놀이로부터 나왔다는 게 그의 주된 이론이다. 여기서의 놀이는 그 목적인 즐거움을 뛰어넘는, 즐거움을 추구하는 모든 육체적·정신적 활동을 가리킨다. 놀이를 일회성의 소모적인 행동이라고 생각하는 일반적인 시각과 달리, 그는 놀이가 삶을 풍요롭게 살찌운다고 강조했다. 몸을 따뜻하게 하고 가리려는 목적으로 만들어진 옷이 놀이를 만나 유행이나 패션을 탄생시켰고, 공을 차고 받는 놀이가 반복되면서 규칙이 만들어지고 축구라는 운동이 탄생되었다는 말이 그럴 듯하게 들린다.

동양에서도 그와 비슷한 말이 있다. 『논어』에도 공자가 '아는 것은 좋아하는 것만 못하고, 좋아하는 것은 즐겨하는 것만 못하다知之者 不如好知者, 好知者 不如樂知者'란 말을 하지 않았는가. 결국 어떤 일을 하든 그것을 놀이처럼 즐거워하는 사람을 따라잡을 수 없는 법이다.

신기하게도 디지털 N세대라고 불리는 요즘 아이들을 보면 확실히 호모 파베르보다는 호모 루덴스에 가깝다. 인내와 끈기를 가지고 딱딱한 지식을 알려고 하지 않는다. 공부뿐 아니라 무엇이든 재미가 없으면 쳐다보지도 않으려고 한다.

그런 점에서 보면 놀이는 '즐거움'이라는 내적 동기가 있기 때문에 자발적인 개념이 녹아져 있다. "잘 놀면 용돈을 올려줄게"라든가 "2시간 놀면 네가 원하는 장난감 사줄게"와 같은 외적 보상이 없어도 아이들은 스스로, 알아서 소꿉놀이를 하고, 인형놀이를 한다. 놀이 자체에서 얻는 즐거운 경험 자체가 보상으로 작용한다. 부모나 선생님이 시켜서 마지못해 하는 것과는 비교할 수 없는 것이다. 몰입에서부터 차이가 난다. 그렇게 해서 얻는 성취감도 남다르다.

바꿔 말하면 공부에도 내적 동기가 있으면 아이는 그것을 흥미진진

아이들이 보내는 신호를 어떻게 알 수 있을까?

한 놀이로 받아들이고, 적극적으로 배운다. 약간의 위험이나 방해 요소가 있더라도 말이다. 혹시 높은 데서 떨어지지 않을까 하는 두려움을 가지면서도 반복해서 미끄럼틀을 타는 것과 같다. 그 두려움을 이기면 미끄럼틀 놀이가 즐겁고 유쾌하다는 것을 알기 때문이다. 이처럼 무엇에 몰입해 즐거움을 경험해본 아이는 인지적 활동도 즐겁게 참여하게 되고, 학습 동기를 만들어내는 동력을 가지고 있다.

내적 동기는 아이 스스로 찾도록 내버려두는 게 아니라, 좋은 부모와 좋은 교사의 도움이 있을 때라야 가능하다. 첫 출발은 간단하다. 아이가 어떤 말을 하고, 어떤 것에 관심을 보이는지를 잘 관찰해보면 알게 된다. 말과 행동으로 어떤 것에 호기심이나 관심을 보인다면 그것은 아이가 교사나 부모에게 '나는 이제 그것에 몰두할 준비가 되어 있다'고 신호를 보내는 것이다.

"아이들이 하는 말 하나, 아이들이 짓는 표정 하나, 아이들이 가지고 오는 장난감 하나 이런 것들을 교사가 놓치지 않고 끝없이 질문을 던져야 합니다. 그럼 그 질문을 던지는 과정에서 필요한 것은 '이 아이가 정말 여기에 관심이 있나'입니다. 새롭게 자료 하나를 던져줬을 때 이것을 연결해서 좀 더 확장시키거나 깊이 있게 들어가는지, 또 다른 새로운 장면을 만들어내는가를 관찰하는 거죠."

— 박은혜 (이화여자대학교 유아교육과 교수)

그렇다면 어떻게 아이의 흥미를 끌어내고 흥미에 맞는 학습 동기를 찾을 수 있을까? 놀이 중심의 유치원에서 막 시작한 엘리베이터 놀이에서 그 해답을 발견할 수 있다.

상징으로 배운다

엘리베이터 놀이 1

놀이 중심 유치원의 이야기 나누기 시간. 이화어린이 연구원 예솔반 아이들. 오늘은 엘리베이터에 대해 이야기를 나누는 날이다. 선생님은 "엘리베이터를 탔을 때 불편한 점은 없는지, 불편한 점이 있다면 함께 생각을 모아 문제를 해결해보자"며 생각할 문제를 던졌다. 아직 일곱 살 꼬마들이지만, 그 대답이 진지하면서도 날카롭다.

민진 : 엘리베이터 타는 사람들이 많아져서 엘리베이터를 기다리게 되니깐 편리하지 않은 것 같아요.
준혁 : 엘리베이터는요. 문이 닫혔다, 열렸다 하잖아요. (거기에) 발이 낄 수도 있잖아요.
경훈 : 2층이나 3층에 있는 동생들이 우리가 너무 많아서 못 탈 수도 있어요.

아이들의 대답이 충분히 나오자 선생님은 "어떤 방법으로 우리의 생각을 전할 수 있을까?"를 물으면서 다음 단계인 문제의 해결책 찾기 단계로 유도했다.

선후 : 엘리베이터 하나 그려 놓고 형님들도 그려 놓고 쉬운 글자(를 써 넣어요). 형님들은 이제 안 탄다. (그러니까) 너희들이 이제부터 탄다. 이렇게요.

자기 입장에서뿐만 아니라 동생들 입장에서의 문제점도 정확하게 지적했다. 아이들은 그저 타고 내리기만 하던 엘리베이터를 다른 사람의 시선에서 바라보았다. 이처럼 문제의 해결은 다른 사람의 시선에서 바라보는 데서 출발한다.

머리를 모은 아이들은 엘리베이터 예절을 그림으로 표현했다. 아직 글자를 배우는 나이이기도 하고, 서너 살밖에 되지 않아 글자를 모르는 동생들을 배려한 속 깊은 그림이다. 우선 엘리베이터를 그리고 그 옆에 그린 작은 아이에게는 'O'을, 큰 아이에게는 '×' 표시를 했다. 큰 아이는 엘리베이터를 탈 수 없고, 작은 아이는 엘리베이터를 탈 수 있다는 의미다. 한눈에 보기에도 누가 먼저 엘리베이터를 타야 하는지가 잘 드러난다.

"아이들은 자신의 생각을 이런 그림이나 기호를 통해서 상징으로 표현하는데 이때 훨씬 더 많은 생각을 하게 됩니다. 기계적으로 문자를 학습하는 것보다 이런 과정을 거쳐서 문자로 익히면 아이들은 더 즐겁게 문자를 배우고, 나아가서 생각하는 힘까지 기를 수 있습니다."

– 박은정 (놀이 중심 유치원 교사)

놀이 중심의 유치원에서는 억지로 글씨를 가르치는 것보다 그림이라는 상징을 통해 생각을 정리하는 것을 선호한다. 읽고 쓰는 것보다 사고력을 키우는 것이 목적이기 때문이다. 그런 생각들은 유치원 곳곳에서 발견할 수 있다.

유치원의 벽면에 붙인 보라색 큰 종이에는 아이들이 직접 찍은 사진이 있다. "무슨 글자일까요?"라는 질문으로 미루어보아 사진을 보고 한글의 자음과 모음을 알아맞히는 놀이임을 추측할 수 있다. 모로 꺾인 스탠드 사진 밑에 가려진 종이를 펴보면 'ㄱ'이 나오고, 동그란 콘센트 사진 밑에 있는 종이를 펴보면 'ㅇ'이 나타나는 식이다. 아이들이 속한 유치원의 반 이름도 몸짓 놀이로 자기 반을 표현했다. 아이 둘이 몸을 구부려 서로 맞잡은 형태로 동그라미를 만들어 'ㅇ'을 만들어 '예술반'을 표현한다. 상징을 어떻게 표현할까를 고민하면서 아이들은 생각하는 법도 함께 배운다.

한창 뇌가 발달할 시기에는 글자를 외우고 셈을 익히는 것보다 글자, 단어, 숫자가 의미하는 상징이나 서로 다른 모양을 구분하는 법을 배우는 게 훨씬 중요하다. 상징은 서로 다른 형태로 만들어지며, 각각의 상징은 서로 다른 것을 의미한다는 사실을 배우면서 아이들의 창의성도 쑥쑥 자란다.

상징이란 비둘기가 평화를 상징하는 것처럼 의미나 가치를 물건으로 형상화한다는 의미로 쓰이지만, 아이들에게 있어서 상징은 제 마음대로 만들어낼 수 있는 창작 놀이이기도 하다. 공원에서 모이를 쪼아 먹는 새를 비둘기라 부르고, 통화하는 물건을 스마트폰이라고 부르는 건 대대로 전통적·관습적으로 불리는 그대로를 배우면서 의미를 알게 된 것이다. 하지만 아이들은 그밖에도 놀이를 통해 사물을 다른 무엇으로 대체하는 법도 알게 된다. 쌓기 블록을 전화기라고 하고, 예쁜 옷을 입은 자신을 공주라고 여기기도 한다. 상징을 대체하는 놀이를 통해 창의적인 상상력을 키워가는 것이다. 놀이를 통해 상징물 대체를 연습하다보면 나중에 읽고 쓰고 수학을 공부할 때 아주 요긴하다.

그래서 비고츠키Lev Semenovich Vygotsky 학자들은 오로지 한 가지 목적으로만 활용되는 도구는 학습 효과가 없다고 주장한다. 다양하게 활용할 수 있도록 만드는 상상력이 발휘되기 힘들기 때문이다. 아쉽게도 요즘에 쏟아져 나오는 수많은 장난감들은 상상력이 끼어들 여지가 없을 정도로 세분화되고 구체적인 형상을 띠고 있다. 바비 인형만 해도 인어공주 바비, 치과의사 바비가 따로 있다. 예전에는 레고 하나면 여러 종류의 차나 집, 인물을 만들 수 있었지만 요즘엔 스타워즈 레고, 해리포터 레고 등 맞춤형으로 되어 있어 오로지 한 가지 목적으로만 쓸 수 있을 뿐이다.

모방의 즐거움

엘리베이터 놀이 2

자유 놀이 시간. 아이들 몇 명이 박스를 쌓고 있다. 알록달록한 이 골판지 박스는 바로 엘리베이터다. 지금부터 아이들은 엘리베이터를 실제로 움직이는 실험을 할 것이다. 선생님이 "이거 어디 매달아야 돼?"라고 묻자 한 아이가 "여기 끝에 실을 달면 돼요"라고 야무지게 대답했다.

드디어 엘리베이터에 실을 매달고, 그 안에 사람 대신 장난감을 태웠다. 엘리베이터는 소리도 없이 아이들 손이 움직이는 대로 장난감을 태운 채 오르락내리락했다. 수동 엘리베이터의 탄생이다.

　아이들은 부모, 선생님, 또래와의 상호작용을 통해 끊임없이 배워나간다. 갓 태어난 아이조차도 엄마가 하는 대로 따라 웃고, 엄마를 따라 인상을 찡그린다. 놀이터에서는 친구와 끊임없이 장난을 치며 말을 따라하려고 한다. 집에 형제가 있으면 동생은 손위 형제가 하는 행동을 똑같이 따라하며 배운다.

　사실 어른들도 아이와 마찬가지로 옆에서 하품을 하면 똑같이 하품을 하고, 슬픈 영화를 보면 자기 일이 아닌데도 눈물을 흘리는 일을 종종 경험한다. 이와 같은 모방은 뇌가 거울과 같은 역할을 하기 때문이다. 리촐라티G. Rizzolatti는 이를 거울 뉴런이라고 하였다. 실험실에 있던 긴꼬리원숭이가 연구원이 음식을 먹자 똑같은 동작을 따라하는 것을 보고 발견한 이 거울 뉴런은 모방의 대표적인 예다. 엄청난 시간과 돈을 들여 배워야 했을지 모를 경험을 거울 뉴런 덕에 직접 경험하지 않아도 상대가 슬퍼하면 같이 슬퍼지면서 공감을 하고, 부모의 말투나 행동을 닮게 되는 것이다. 모방이 아이들에게는 최고의 학습인 셈이다.

　아이들은 엘리베이터 놀이를 통해 상징과 기호를 배웠고, 과학적 원리를 알아나갔다. 아이들은 그저 즐거운 놀이로 받아들이면서 초등학교에 들어가서야 배울 수학적 개념과 과학적 원리에 대해 선행 학습을 했다. 놀이가 과목을 통합해 성공적인 학습으로 이끈 셈이다.

이와 같은 사고력은 새로 바뀐 교육 과정과도 일맥상통한다. 창의력 융합 인재를 양성하기 위해 각 과목 간의 벽을 허문 것을 스팀Steam교육이라고 부르는데, 스팀은 과학Science, 기술Technology, 공학Engineering, 예술Art, 수학Mathematics의 약자다. 한 가지 주제로 과학과 기술, 공학, 예술, 수학이 융합된 수업을 가르치는 것으로, 일방적으로 교사가 가르치는 방식에서 탈피해 아이들 스스로 생각할 수 있는 수업을 만들자는 취지다. 아이 스스로 읽고 이해하고 관계를 파악하고 연결하는 학습을 돕기 위한 목적에서 출발한 것이다. 일방적인 학습이 아닌, 충분한 기회를 갖고 아이가 스스로 묻고 답을 찾아가는 과정을 통해 사고력이 무르익는 것이다. 주의 깊게 살펴보면, 아이 주변 생활 곳곳에 학습의 자양분이 될 요소들이 숨어 있다. 점차 이 과정이 모이고 쌓였을 때 아이는 자신에게 맞는 학습 능력을 갖춰나갈 것이다.

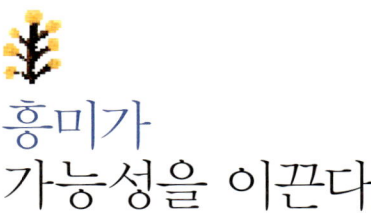

흥미가
가능성을 이끈다

흥미로움의 유혹

　엘리베이터 놀이는 엘리베이터를 직접 만들어보는 것으로 끝나지 않았다. 선생님은 아이들의 관심과 흥미를 더욱 넓혀줄 새로운 도구를 준비해 왔다. 이제부터 한 단계 더 높은 수준의 다른 놀이가 시작된다.

발전한 도르래 놀이 1

　선생님이 무언가를 뒤로 살짝 감춘 채 아이들을 불러모았다. 다른 반 선생님이 철물점에서 무언가를 사오셨다고 하자 아이들의 눈이 반짝였다. 아마 그 무엇이 장난감일 거라는 기대 때문이다. 선생님이 손을 빼 보여준 것은 장난감이 아닌 진짜 물건, 도르래다. 단순한 쇳덩이 같기도 하고, 어떻게 보면 괴이하게 생긴, 생전 처음 보는 물건에 아이들은 별 반응을 보이지 않았다. 어떻게 놀아야 하는지, 어디에 쓰는지도 모르는 낯선 물건에 흥미가 없는 눈치다.

잠시 뒤, 준이가 선생님과 함께 부지런히 뭔가를 찾고 있다. 도르래에 연결할 도구를 찾는 중이다. 선생님의 도움을 받아 엘리베이터가 오르락내리락하는 이유가 도르래 때문이라는 걸 이해한 뒤다.
"이게 정말 튼튼한 줄 같은데" 하며 준이가 고른 건 굵은 철사줄. 이 딱딱한 철사줄을 도르래에 감아봤자 움직이지 않을 게 뻔하지만 선생님은 이를 지적하지 않고 "그게 좋겠어?"하며 준이의 생각을 확인할 뿐이다. 고사리 손으로 도르래에 철사줄을 감지만, 아, 이거 쉽지 않다. 겨우 철사줄을 감아 도르래에 연결하고, 줄 끝에는 바구니를 매달았다. 드디어 완성이다. 줄을 힘껏 잡아당겨 보지만 철사줄은 딸려올 생각을 하지 않는다. 두 손으로 끙끙대고 온 힘을 썼더니 겨우 몇 센티 올라올 뿐이다. 생각보다 힘들다. "이 줄 너무 힘들지 않아? 줄을 좀 바꿔볼까봐. 리본이나 털실로." 선생님이 한마디 하자, 준이가 급히 자리를 뜨더니 교실 한쪽에 있던 가는 끈을 가져왔다. 도르래가 성공할 순간을 기대하느라 마음이 급하기만 한다. 준이가

이번에 고른 것은 노끈. 노끈을 도르래에 연결하고, 한쪽 끝을 당기자 반대편 노끈에 매달려 있던 빨간 바구니가 휙, 딸려 올라갔다. 도르래가 멋지게 작동하는 순간이다!

주변에서 다른 놀이에 몰입했던 아이들의 눈이 일제히 준이에게 쏠렸다. 도르래에 주목한 아이들은 너도 나도 앞다투어 줄을 잡아당겨보고 싶다고 요청했다.

아이들 손을 거치면서 줄은 진화했다. 이번에는 노끈보다 튼튼하고 굵은 녹색 밧줄이 도르래에 연결됐다. 도르래도 천장에 대롱대롱 매달렸다. 준이의 열정은 어느새 윤민이와 정현이에게 옮겨졌다. 한 아이가 녹색 밧줄을 자기 쪽으로 잡아당기자 바구니가 천장까지 쑤욱 올라갔다. "오오~" 줄을 끌어당기던 아이도, 옆에서 지켜보던 아이도 절로 탄성을 내뱉는다. 세상에 이처럼 흥미로운 일이 또 있을까?

흥미는 또 다른 흥미를 낳았다. 윤민이가 용케도 도르래에 관한 책을 찾아서 유심히 정독하고 있다. 물체를 높이 올릴 때에 도르래를 사용한다와 같은, 도르래 원리와 이용법이 적힌 책이다. 사실 이 책은 선생님이 몰래 갖다 놓아둔 책이다. 책을 읽던 윤민이는 선생님에게 달려가 방금 책에서 얻은 정보를 신나게 알려줬다.

"선생님. 여기 책에 뭐가 있어요. 도르래 3개를 합치면 3배를 들어올릴 수 있대요. 바퀴가 셋이면 3배의 무게를 들어올릴 수 있는 거래요."

아이들은 놀잇거리가 된 도르래를 가지고 거대한 작전을 짰다. 도르래를 이용해서 유치원 아래층에 있는 동생반에 물건을 보내자는 것이다. 과연 여기에는 어떤 작전이 필요할까? 선생님이 질문으로 아이들의 사고를 넓혀주었다.

발전한 도르래 놀이 2

선생님 : 동생한테 물건을 전달하려면 동생들한테 발코니로 나오라고 해야 되잖아. 교실에서 그냥 할 수 있는 방법 없을까?

윤영 : 줄을 더 길게 하면 되겠다.

선생님 : 우리는 교실에 있고 교실 안에서 어디로 동생반이랑 연결될 수 있을까?

준이 : 창문!

선생님 : 창문? 어디 창문?

윤영 : 동생반 창문이요.

새싹반의 변화

　유치원은 현재 일곱살반은 위층에, 동생반은 아래층에 위치해 있다. 서둘러 선생님과 준이, 윤영이가 아래층에 있는 베란다로 내려왔다. 그러고는 위층에 연락해 도르래를 이용해 동생반으로 물건을 내려달라고 부탁했다. 지금부터 창문으로 도르래를 내려 전달하는 실험을 할 것이다.

　위층과 아래층 테라스에 아이들이 몰려들었다. 우선 위층 선생님이 예쁜 바구니를 매달아 아래층으로 내렸다. 줄을 따라 내려오는 바구니는 비틀비틀거리며 조심스럽게 차츰 밑으로 내려왔다. 아래층 아이들은 "내려줘", "더 내려줘"를 외치고, 위층 아이들은 "어딨어?"를 소리쳤다. 드디어 성공이다.

　1차 실험이 성공적으로 끝난 뒤 아이들은 언제나처럼 선생님과 이야기를 나누기 시작했다. 아까 한 실험적인 도전을 상기하면서 총 복습하는 시간이다. 여기서 나오는 아이들의 의견을 바탕으로, 아래층 동생반에게 전보다 정교한 실험을 할 것이다. 어떤 일을 했는지 충분히 공감을 한 뒤, 동생반인 새싹반에 도르래에 바구니를 매달아 뭔가를 보내기로 했다. 보내기로 결정한 것은 식물의 영양분이 될 물. 문제는 동생반이 이런 사실을 아직 모른다는 점이다.

　동생반에 물을 내려보내기 전에 편지를 써서 보내기로 했다. 서로 상의한 끝에 완성된 내용을 선생님이 받아썼다.

　"(동생반) 선생님 감사해요. 우리가 줄로 물건을 담아서 줄 거예요. 바구

니에 통이 있을 텐데 통 안에 있는 물을 식물한테 주세요. 테라스에서 잘 받아주세요. 몇 시에 시간 되세요? 안녕히 계세요."

이제부터는 선생님이 칠판에 쓴 글을 한 문장씩 맡아 아이들이 직접 편지지에 써야 한다. 아이들은 칠판에 쓰인 글자를 열심히 베껴 썼다. 아직 글자를 모르는 아이들도 선생님이 쓰신 글자대로 따라 그리기 바쁘다. 색색깔로 글자도 예쁘게 꾸미고, 여백에는 그림도 보기 좋게 그려 넣었다. 더디지만 아이들은 이처럼 놀이를 통해 재미있게 배우는 중이다.

저마다 쓴 편지가 동생반에 전해지고, 기다리던 허락이 떨어졌다. 물건을 건네받기로 한 시간은 오후 4시. 시간이 가까워오자, 아래층과 위층 아이들이 긴장하기 시작했다.

드디어 기다리던 순간. 위층 언니오빠 반에서 무엇인가를 내릴 준비를 했다. 아래층 새싹반 동생들도 위층에서 뭐가 내려올지 고개를 쑥 빼고 위를 올려다보았다. 저 하늘에서 바구니가 얌전하게 내려왔다. 바구니 안에 든 것은 위층 언니오빠들이 받은 옥상 빗물이다! 도르래를 이용한 실험도 대성공이다!

드디어 동생반으로 가는 새로운 길이 열렸다. 언젠가 동생들도 이런 멋진 놀이의 주인공이 될 것이다.

제대로 된 배움은 세상 이치를 아이 스스로 깨우치는 과정이 필요하기 때문에 강의식, 암기식이 되어서는 안 된다. 자연스럽게 경험을 통해 터득할 수 있는 배움이 최고의 학습인 것이다.

흥미는 호기심을 불러일으키고 호기심은 새로운 학습의 욕구로 이어졌다. 도르래 놀이를 통해 아이들은 도르래의 원리를 이해하고, 다양한 개념을 익혔다. 게다가 동생들을 배려한 자신의 역할까지 멋지게 수행했다. 이렇게 아이들은 한 걸음 더 성장했다.

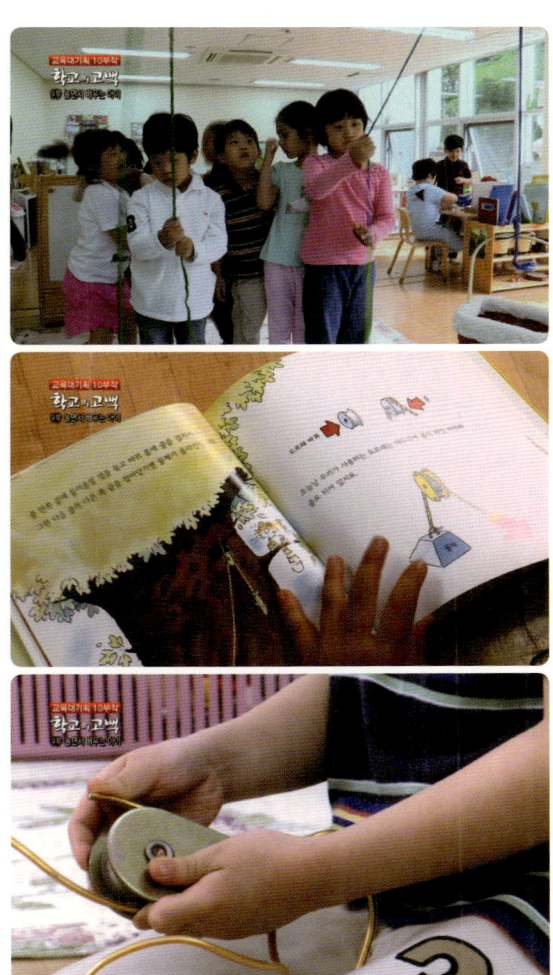

도르래 놀이를 통해
아이들은 자연스럽게 흥미를 느끼고
능동적으로 배움을 확장했다.

아이들은 상상 이상이다

EBS에서 한국인 직장인 60명을 대상으로 잠자는 뇌 깨우기 실험을 한 적이 있다. 일상에서 누구나 쉽게 할 수 있는 운동과 공부가 우리 뇌에 어떤 영향을 미치는지 알아보기 위함이었다. 노동 환경과 생활 수준이 비슷한 직장인을 참가자로 선정해 운동 그룹과 영어 그룹으로 나누었다. 운동 그룹은 하루에 30분, 일주일에 5일 동안 꾸준히 운동을 했고 영어 그룹은 하루 50분씩, 주 5일 동안 동호회나 그룹 세미나에 참가해 영어 공부를 했다.

90일 후, 1차 인지심리검사와 최첨단 뇌영상 장비로 뇌의 전과 후를 비교했다. 영어 집단은 레벨테스트 결과 영어 실력이 향상되었고, 언어 기억 점수도 3개월 전보다 큰 폭으로 상승했다. 꾸준한 노력이 이뤄낸 당연한 결과였다. 그렇다면 운동 집단의 뇌도 변했을까? 언뜻 생각하기엔 뇌와 하등 상관없어 보이는 운동을 해봤자 뇌 세포에 변화가 일어날까 싶지만, 결과는 의외였다. 운동 집단은 심폐지구력이 훨씬 좋아졌고, 언어 기억 점수도 3개월 전보다 큰 폭으로 상승했다. 운동 집단도 뇌의 변화가 일어난 것이다. 뇌의 각 부분을 연결하는 신경 세포와 세포 간의 연결이 활발해져 결과적으로 두뇌 활동이 활발해진 것이다.

이것은 아이들에게도 마찬가지로 적용된다. 아이를 안아주고, 책을 읽어주고, 대화를 하고, 노래를 부르고, 놀아주는 행동은 근육 운동을 열심히 해 알통을 만드는 것과 같다. 이를 알통이론이라고 하는데, 후각, 청각, 미각, 시각, 촉각을 포함하는 다양한 감각 경험이 아이의 뇌에 영향을 끼쳐 많은 신경회로를 형성하게 된다. 학습에 기초가 되는 능력

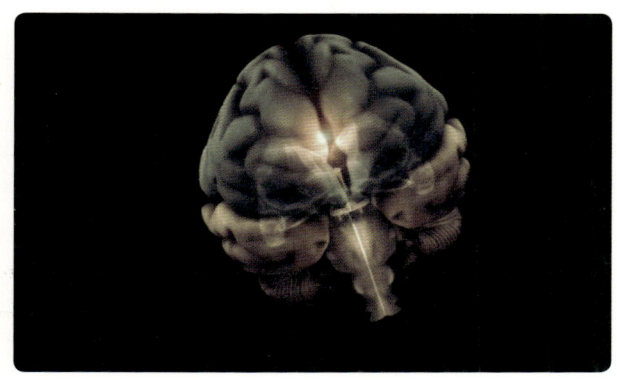
우리의 뇌는 다양한 자극에 반응한다. 인지 자극뿐 아니라 활동성 운동을 통해서도 뇌는 발달한다.

들이 깨어나고 활발해지는 것이다.

　아이들은 장난감을 가지고 이리저리 뛰어다니며 놀거나 단순하게 물건 쌓기 동작을 되풀이하다가 시간이 지나면 역할이 있는 놀이를 즐기고, 소품을 응용해 상상력을 발휘하며 창작 놀이를 한다. 단순한 놀이가 점차 자기조절이 필요하고, 상호 협조와 배려가 요구되며, 어휘력이 필요한 놀이로 발전하면서 스스로 다양한 배움을 학습해나간다.

　글로벌 시대를 준비하기 위해서는 무엇보다 자신의 재능을 개발하고 그 분야에 대해 전문성을 가진 사람이 필요하다. 아이의 재능은 한순간에 발견되는 게 아니라 아이를 꾸준히 관찰하고 탐구하는 과정에서 발견할 수 있다. 특히 우리 아이의 잠재력과 가능성이 잘 드러나는 도구가 바로 놀이이다. 평상시에 보여주지 못한 능력을 펼쳐볼 기회가 되기 때문이다.

　놀이하는 아이들을 상상해보자. 탑을 아무리 높게 쌓아도 비용이 들지 않는다. 성이 무너지면 다시 지으면 된다. 성이 무너졌다고 아이들을 탓하는 사람은 없다. 또한 놀이는 공을 멀리 차는 법을 배울 수 있는 방법이기도 하다. 아무도 공이 멀리 나가지 않았다며 아이들을 탓하지 않는다. 그냥 시도해볼 뿐이다. 놀이는 아이를 미래에 완벽한 과학자로 만들어줄 수 있는 경험을 제공하기도 한다. 놀이 속에서는 무엇이든 될 수 있고 무엇이든 만들 수 있는 것이다.

엄마는 아이의 놀이에 적극적으로 개입하는 게 아니라 아이 스스로 선택하고 결정할 수 있는 기회를 주고 충분히 아이를 지켜보는 게 좋다. 색칠 놀이를 하거나 책을 읽거나 장난감을 가지고 놀 때 아이 스스로 할 수 있도록 지켜보되 아이에게 향한 관심을 놓치지 않고 민감해질 필요가 있다. 아이의 행동이나 말을 무시하지 않고 항상 귀와 마음을 열어두어야 한다는 뜻이다. 비판이나 평가의 대상이 아니라 사고의 확장과 다양한 가능성을 열어두었을 때 아이들은 이해 관계나 목적을 의식하지 않고 있는 그대로 즐기는 방법을 배운다.

아동발달 과정에서 놀이는 절대적으로 필요하다. 아이들은 자기 자신과 자신이 살아가야 할 세상에 대해서 알아야 하며 자신의 가능성을 넓혀가야 한다. 아이의 잠재력과 가능성을 끌어내는 것, 그것은 아이의 삶에서 무엇보다 중요하다. 그것은 억지로 일으키는 배움이 아니라 자연스럽게 우러나오는 아이의 순수한 호기심과 자발성에서부터 시작된다.

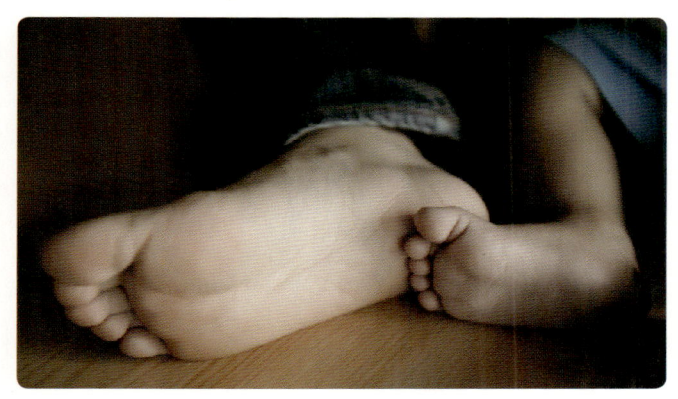

. . .

아이들은 자기 자신과 자신이 살아가야 할 세상에 대해
알아야 하며 자신의 가능성을 넓혀가야 한다.

Bonus Tip

가능성이 자라는 아이, 스스로 배우는 아이
- 자기주도성을 바탕으로 아이의 가능성을 키우는 방법

유치원 프로젝트를 통해 다양한 실험으로 지켜본 아이들의 행동을 관찰하니, 스스로 노는 법을 아는 아이와 그렇지 않은 아이들은 확연한 차이를 보였다.

놀이의 가장 큰 장점은 자기주도성이다. 누가 시키지 않아도 아이들은 스스로 논다. 온갖 장난감이나 놀이 교구가 없어도 조금만 시간을 주면 주변에서 놀 거리를 찾고, 엄마나 어른이 가르쳐주지 않아도 온갖 상상력을 발휘해 노는 데 집중한다.

스스로 노는 게 중요한 이유는 아이들은 '그냥' 노는 게 아니라 놀이를 통해 자신의 잠재된 가능성을 보여주기 때문이다. 어떤 아이는 장난감을 능숙하게 조립하거나 해체하며 과학 분야에 일찌감치 가능성을 보여주기도 하고, 어떤 아이는 남들보다 뛰어난 언어 구사력을 보이기도 한다. 또는 어느 한 가지가 아니라 두세 가지 분야에서 남다른 가능성을 보이는 아이도 있다.

그렇다면 우리 아이의 가능성을 발견하기 위해서는 어떻게 해야 할까? 바로 아이가 스스로 뭔가를 배우려고 하는 자기주도성의 때를 기다리는 것이다.

자기주도성이 발달하는 시기는?

갓 태어난 아기에게 가장 중요한 건 충분히 보호받고 사랑받고 있다는 인식이다. 아기는 배고프면 울고, 기분 좋으면 웃는 등 단순한 표현밖에 할 줄 모른다. 하지만 무언가 불편해 울면 곧바로 기저귀를 갈아주거나 모유를 먹여주는 존재가 있다는 걸 알면서 안정감을 얻는다. 만약 울어도 아무도 달려오지 않는다면 이 아이에게는 세상이 두렵고 무서운 곳이라는 무의식이 남을 것이다.

 돌이 지나면서 아이는 자기주도성을 학습한다. 벨을 누르면 소리가 나고, 버튼을 누르면 작동이 된다는 것을 안다. 걸음마를 떼면서 호기심도 폭발한다. 뭐든지 입에 넣으려고 하고, 보이는 건 무조건 만지려고 한다. 아이가 온 방을 휩쓸고 다니면 엄마는 대개 "만지지 마", "위험해", "안 돼!" 하는데, 부모가 심하게 아이를 통제하거나 화를 내면 아이의 자기주도성이 떨어지고 아이는 무기력해진다.

 만 세 살이 지나면서부터는 모든 감각이 폭발적으로 발달하고, 만 네 살 즈음이 되면 엄마나 또래 친구와 상호작용을 하며 본격적으로 언어 능력이 발달한다. 뇌도 발달해 도구를 사용해 노는 법도 알게 된다. 혼자 곰곰이 생각하면서 상상력을 발휘해 무언가를 계획하고 탐색해 나가는 과정을 겪으며 자기주도성을 키워나간다.

 보통 자기주도성은 공부와 관련해 많이 쓰이는 말이지만 실제로 아이의 자기주도성이 발달하는 시기는 예상외로 빠르다. 전문가들은 대개 자기주도성은 태어난 후 만 6세가 되면 거의 대부분 형성되고, 만 12세까지 완성된다고 한다.

아이의 자기주도성을 높이려면?

1. 아이의 일에 지나치게 개입하지 마세요

당연한 말이지만 아이의 행동에 과도하게 개입하지 말아야 한다. 이렇게 말하면 "너 혼자 알아서 해봐" 하고 아이에게 떠맡기는 경우가 많은데, 이 말 또한 이미 엄마가 개입한 것이다. 단, 하면 안 되는 행동은 적당히 통제하고 아이가 해야 하는 바람직한 행동들은 격려해야 한다.

아이가 엄마의 영향을 받지 않을 정도로 적당한 거리를 유지하되, 아이의 행동과 말, 표정, 분위기를 지켜보자. '지금 뭘 좋아하지?' '어떤 생각을 하지?' '이전에 비해 뭐가 나아졌지?' '어떤 것을 하면 금방 지루해하지?'와 같은 다양한 질문을 통해 아이의 가능성을 찾아낼 수 있다.

2. 아이의 배움의 욕구를 놓치지 마세요

아이가 호기심에 가득 차 세상 모든 일을 적극적으로 탐구하려는 시기가 있다. 이 시기를 놓치지 않고 부모가 옆에서 적절하게 도와주면 아이는 무엇이든 받아들이고 스스로 배우려고 한다. 이때를 놓치지 않으면 아이는 학습 욕구를 발전시켜 엄청난 에너지로 빨아들인다. 이 시기를 눈치채지 못하고 방치하거나 다른 일에 바빠 미루면 아이의 자기주도성도 사라진다.

아이에게 언제 글자를 가르쳐야 할지, 책을 몇 살부터 손에 쥐어주어야 할지 고민하지 말자. 아이가 배움의 욕구를 드러낼 때가 배움의 적기이다. 그때까지 엄마는 준비를 하고 기다리면 된다. 영재 교육이나 시중에서 말하는 몇 살부터 한글을 시작하라는 말을 맹신할 필요는 없다.

대신 아이가 배우려고 하는 때를 민감하게 알아차리는 게 중요하다. 길을 걷다가 아이가 간판 글씨에 관심을 보이면 그때 한글을 가르치고, 책을 쌓거나 빼는 등 관심을 보이면 그때 책을 펼치면 된다.

3. 놀이는 자기주도성을 키우는 최고의 활동!

발달 과정에서도 나타나듯이 본래 아이들은 자기주도적이다. 없는 것을 새로 학습시켜야 하는 게 아니라 원래 있는 자기주도성을 되살리면 된다는 의미다.

일찌감치 스스로 해본 경험이 많은 아이가 자신의 인생을 자기 의지와 계획대로 만들어간다. 그런 점에서 놀이는 아이들의 자기주도성을 살리는 최고의 활동이다. 아이는 놀이를 하면서 새로운 경험을 쌓고, 세상을 탐색해 시야를 넓혀간다. 20분 이상을 한자리에 앉아 있지 못하는 아이가 몇 시간을 블록 놀이에 열중한다. 자기가 좋아하는 일을 찾은 것이다. 틈만 나면 밖으로 뛰어나가 놀이터에서 놀거나 자연을 탐구하며 온종일을 보내는 것도 자기가 좋아하는 일을 찾는 자연스러운 발달 과정이다.

아이는 놀이를 통해 취미와 관심 분야가 생기면, 관련 지식을 배우고 활동 범위를 넓히려 한다. 자신의 가능성을 발전시켜 나가는 것이다. 단, 놀이를 빙자한 공부가 아니라 아이가 잘 놀 수 있는 환경을 만들어주자. 놀이를 주도하는 건 아이이며, 부모는 아이의 말에 따른다는 원칙이 깨어져서는 안 된다. 어려서부터 놀이로 자기주도성을 키운 아이가 나중에 학교에 입학해서도 자기주도적으로 공부를 해나간다.

6개월간의 놀이 실험을 통해 놀라운 기적이 일어났다.
자기조절력, 기억력, 집중력까지 향상된 것이다. 자신의 행동과 사고를
스스로 조절하는 능력, 아이들이 학교 생활을 잘 해나가는 데 필요한 집중력,
인내심을 가지고 학습을 꾸준히 지속할 수 있는 능력이 자기조절능력이다.
놀이를 통해 가장 많이 키워지는 능력이기도 하다.

PART 2

삶을 주도하는 자기조절력의 힘

놀면서 자라는 아이, 배움을 얻다

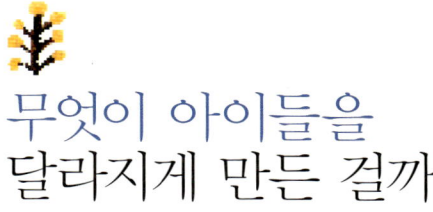

무엇이 아이들을 달라지게 만든 걸까

스스로 느끼고 조절한다

　골목에 들어서면 아이들이 노는 소리가 시끌벅적 들리던 때가 있었다. 골목은 옆집 형, 언니, 동생을 포함한 동네 꼬마들의 놀이터였다. 주위에 널린 돌멩이, 흙, 나무만으로도 해 지는 줄 모르고 놀았고, 집에 갈 즈음에는 옷은 온통 땀범벅, 흙범벅이었다. 그런 왁자지껄한 동네 풍경도 이제는 먼 옛날의 일. 이제 아이들은 친구랑 놀고 싶으면 유치원에 가야 하고 놀이도 잘 짜인 프로그램에 따라 움직여야 한다. 쉬지 않고 뛰어다니는 아이들에게 가만히 앉아 있는 법을 먼저 배우게 하고, 놀이 공부는 어느새 놀이를 뺀 공부가 되어 힘들고 재미없기만 하다.

　이런저런 눈치 안 보고 아이를 그저 마음껏 뛰어놀게 하고 싶어도 현실과 마주하면 그리 만만하지 않다. 아이를 하루 종일 놀게 하면 주변에서는 "저 집의 부모는 뭘 하고 있는지"를 먼저 묻는다. 부모 역할을 충실히 하지 않음을 에둘러 말하는 것이다. 교육 정보에 밝은 부모일수록 교과 과정 외에 다양한 경험도 쌓게 하고, 지적인 자극을 위해 여러 군데의 학원을 보내야 한다는 책임감에 짓눌린다. 초등학교에 입학하기 전이면 엄마들의 마음은 더욱 조급해진다. 그 결과 아이의 공부 연령은 점점 낮아지고, 자녀 교육에 대한 고민이 깊어질수록 아이를 과잉보호하거나 아이가 소화하기 벅찬 스케줄을 잡는다.

저출산 시대에 한 명의 아이도 귀한 집이 대부분인데 행여나 잘못될까 부모는 아이에게 시선이 집중되어 넓은 시야를 갖기가 힘들다. 게다가 부모를 억누르는 의무와 책임은 왜 이렇게 많은지, 해줘야 할 일, 챙겨야 할 것, 보내야 할 곳은 너무나 많다. 자녀 교육서에서 일러준 대로 아이의 감정도 받아줘야 하고 인내와 수용으로 아이들을 이끌어야 한다.

하지만 똑똑해진 부모 밑에서 자란 아이들인데도 세상을 헤쳐나가는 힘은 점점 약해지고 있다. 쉽게 감정이 폭발하거나 문제가 생겼을 때 이를 해결하는 방법은 미숙하기만 하다. 상황을 이해하는 능력이나 감정조절능력이 떨어지는 아이들은 학습 능력이 떨어질 뿐만 아니라 삶에서 좌절이나 시련이 왔을 때 쉽게 무너지고 자기 중심으로 움직이지 않는 세상에 쉽게 상처입고 만다. 또래 관계에서도 그 영향력은 막대하다.

해준다고 했는데 그런 것들은 어떻게 가르쳐야 할지 막막하기만 하다. 한 명의 아이도 버거운데 그 옛날 어른들은 어떻게 그 많은 아이들을 키웠을까, 존경스러울 따름이다. 하지만 여기서 부모들이 놓치고 있

⋯

〈서머힐의 아이들〉

서머힐의 아이들은 놀이 속에서 배움을 찾는
대표적인 교육 모델이다.

가장 행복한 순간, 즐거운 기억
그 속에서 아이들은 성장한다.

는 것이 있다. 바로 놀이 속에 답답함을 해결해줄 열쇠가 있다는 점이다.

아이들에게 놀이는 어떤 의미일까? 부모의 생각처럼 바뀐 시대에서 놀이는 공부를 방해하는 천덕꾸러기 신세일까? 아이가 하루 일과의 대부분을 보내는 유치원을 찾아가 놀이에 숨겨진 비밀을 알아보기로 하자.

숨바꼭질 놀이

서울의 한 놀이 중심 유치원. 열 명 남짓의 아이들이 숨바꼭질 놀이를 하는 중이다. 술래가 된 아이 네 명이 "꼭꼭 숨어라. 머리카락 보인다", "다 숨었니? 이제 찾는다"를 외쳤다. 그 사이 술래를 뺀 나머지 아이들은 바람처럼 사라지고 시끌벅적하던 교실은 순식간에 텅 비었다. 대체 어디로 간 걸까?

아이 셋이 술래를 피해 계단을 뛰어내려갔다. 그중 한 아이가 모로 세워둔 테이블 안쪽의 틈을 용케 발견하고는 숨어들었다. 다른 한 아이는 장난감을 쌓아둔 상자 안쪽으로 들어가 술래에게 들키지 않기 위해 손과 발을 최대한 동그랗게 만다. 술래가 교실을 두리번거리며 샅샅이 훑지만 허탕이다. 그래도 포기하지 않고 교실 문을 열어 살피다가 드디어 책상 밑에 숨은 친구를 발견하고 소리쳤다.

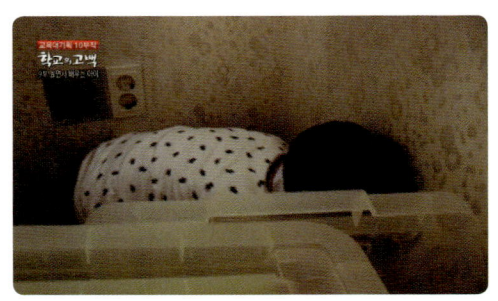
"꼭꼭 숨어라." 숨바꼭질 놀이를 하는 아이.

어른들에게도 익숙한 숨바꼭질은 술래가 숨은 사람을 찾아내는 놀이다. 숨바꼭질을 하는 아이들을 멀리서 보면 그냥 노는 것 같은데, 실은 아주 꼼꼼히 계획을 짠 놀이다.

숨바꼭질을 시작하기 전, 아이들이 선생님 가까이로 모여들었다. 본격적인 놀이를 하기 전, 선생님은 아이들과 이야기를 나누었다. "숨어 있다가 다른 친구들이 숨어 있는 친구를 찾는 놀이에요. 이 놀이의 이름을 아는 사람?" 선생님이 묻자 아이들이 차례대로 "숨바꼭질이요", "숨었다가 찾는 것이요"라며 쉽게 답을 맞혔다. 이것으로 끝이 아니다. 여기에 좀 더 치밀한 준비 과정이 더해졌다.

선생님 : 이제 (숨바꼭질을 할 때의) 규칙을 한번 이야기해보자.
아이1 : 친구 밀지 않기.
선생님 : 맞아요. 친구를 밀지 않는 것. 그것은 우리가 처음부터 정한 약속이지?
아이2 : 3층과 2층에는 어린 동생들이 있잖아요. 거기 들어가면 어린 동

생들이 놀라니까 교실에는 들어가지 않아요.

아이3 : 계단이랑 램프 사용하기요.

이번에는 선생님이 누가 술래를 하고 싶은지 물어봤다. 술래를 하고 싶다는 지원자가 생각보다 많아지자 아이들은 서로 가위바위보를 해 4명의 술래를 뽑았다. 술래들이 숫자를 세는 동안, 다른 아이들이 저마다 들키지 않을 만한 곳을 찾아 숨었다. 드디어 숨 막히는 숨는 자와 찾는 자의 추격전이 벌어졌다. 4명의 술래는 정해진 공간을 벗어나지 않고 구석구석을 살피며 숨은 아이들을 하나씩 찾아냈고, 술래에게 잡힌 아이는 아쉬운 마음을 속으로 삼켰다. 얼마간의 시간이 흐르자 이 놀이의 마지막을 알리는 술래의 소리가 들렸다. "못 찾겠다, 꾀꼬리."

마지막까지 살아남은 아이들은 모두 3명. 술래에게 들키지 않고 끝까지 살아남은 3명의 아이들에게는 준비된 상이 있다. 선생님은 손을 들고 요리조리 꼬아 상상의 앵두나무가 된 아이들에게서 앵두를 한 알, 두 알 "똑" 하고 따서는 시원하고 달콤한 앵두를 아이들 입에 넣어주는 시늉을 했다.

"아이들은 놀이를 통해 자발적으로 자신을 조절하고 통제해야 하는 상황을 인생에서 처음으로 마주합니다. '나는 의사 역할을 하기로 했어. 하지만 저기에는 내가 놀아주길 기다리는 장난감이 있네. 저기에서 장난감을 가지고 놀 수도 있지만 난 의사가 되어야 해. 그러니까 지금은 장난감을 갖고 놀면 안 돼.' 이런 식으로 자신의 행동을 제한하게 됩니다. 역할에 따르는 규칙 때문에 행동이 제한되고, 아이들은 이러한 규칙을 자발적으로 따름으로써 자기조절을 하는 것이죠. 이것이 놀이의 힘입니다."

— 데보라 제인 리옹 (메리에타대학교 심리학 교수, 미 국립유아교육연구소 소장)

놀이에는 규칙이 존재하고, 거기에는 누구에 의해서가 아니라 해도 되는 것과 해서는 안 되는 것을 스스로 조절하고 통제하는 힘이 있다. 언뜻 단순해 보이는 숨바꼭질 놀이를 하면서도 아이들은 20분에 걸쳐 놀이의 규칙을 정했다. 술래가 된 아이, 숨은 아이 할 것 없이 아이들은 놀이에 집중하면서도 누가 뭐라 하지 않아도 자신들이 스스로 정한 규칙을 지켰다.

흔히 부모는 아이가 공부하기 싫으니까 논다고 생각한다. 하지만 아이들은 공부하기 싫어서 노는 게 아니라 놀이가 필요해서 노는 것이다. 아직 인지 발달이 덜 된 어린아이들은 지시하는 대로 배우는 것에 어려움을 느낀다. 대신 즐겁고 재미있는 놀이를 통해 탐구하고 부딪혀가면서 삶에서 필요한 것들을 하나하나 배우게 된다. 어른들이 미처 보지 못할 뿐, 놀이는 아이들에게 삶의 방식이다.

프로젝트의 시작

어느 평범한 유치원의 놀이 시간

서울의 동화(가명) 유치원의 하루가 시작됐다. 오전에는 30여 분의 영어 공부와 자유 놀이 시간이 주어진다. 자유 놀이 시간은 말 그대로 각자 하고 싶은 걸 하는 시간이다. 바닥에 앉아 읽고 싶은 책을 읽을 수도 있고 퍼즐을 맞출 수도 있다. 그런데 분위기가 뭔가 좀 이상하다. 아이들은 별로 놀 생각이 없어 보이고, 심심해 보이기까지 한다. 다른 아이들이 노는 걸 무심하게 구경하는 아이도 있다.

순간 조용했던 교실이 떠들썩해졌다. 칠판에 낙서하던 아이 둘 사이에 말다툼이 벌어진 것이다. 그림을 그리다가 공간이 모자란 게 발단이었다. 서로 상대방의 그림을 지우라고 하다가 언성이 높아진 모양이다. 보다 못해 한 아이가 선생님에게 이 상황을 고해바쳤다. 선생님은 칠판 가운데에 선을 그어 공간을 나눠주었다. 선생님은 분쟁의 중재자처럼 보였고 아이들은 잘 어울리지 못하는 듯했다.

이 유치원의 모습은 대한민국의 다른 보통 유치원의 모습과 다르지 않을 것이다. 유치원에서 아이들이 학습지를 풀며 집단 학습을 하는 모습은 그리 낯설지 않다. 유치원에서는 노는 시간을 아까워한다는 인상이다. 교과목 중심의 학교 수업과는 다르지만 공부하는 사이사이 아이들은 조금씩 놀고 있을 뿐이다.

그중에서도 놀이를 빼앗은 주범은 바로 영어 시간. 보통 영어는 놀이처럼 배운다고 하지만 과연 그럴까? "놀이로 했는데 잘 안 돼요. 게다가 지금 우리나라 학부모님이 원하는 건 그 이상이잖아요"라는 선생님의 말처럼 학교에 들어가서 영어에 능숙해지고 시험도 잘 보려면 아무래도 어렸을 때부터 이것저것 닥치는 대로 많이 시켜야 한다는 게 부모들의 일반적인 생각이다. 처음에는 놀이 위주의 수업이었다가도 그 이상을 요구하는 부모들 때문에 유치원 때부터 빡빡하게 학습을 시킨다는 것이다. 일찌감치 영어의 중요성에 눈뜬 부모들이 보내는 영어 놀이 수업을 살펴보면 영어로 노래 부르며 율동하는 것을 빼면 다달이 교재를 구입해, 선생님이 영어로 문제를 읽고 아이들이 듣고 대답하는 식의 획일적인 수업이 주를 이룬다. 심지어 유아 수준에 맞지 않는 학습지를 가르치기 위해 놀이 시간과 낮잠 시간을 줄이는 경우도 있다. 그런데도 부모들은 다른 아이들보다 더 빨리 영어를 떼기 위해 일찌감치 원어민 강사가 있는 영어 학원에 보내려 하고, 유명한 영어 학원에 들어가기 위해 몇 개월을 대기하기도 한다.

바쁜 일상 속에서 아이들은 순수한 즐거움을 맛볼 시간이 턱없이 부족하다. 평범한 집단 학습으로 놀이 시간을 빼앗긴 아이들에게 다시 놀이 시간을 돌려주었을 때 아이들은 어떤 변화를 보여줄까? 배움의 시간만으로도 빠듯한 때에 다양한 놀이의 기회를 주는 것만으로도 기적의 변화가 이뤄질까?

이러한 의문으로부터 프로젝트가 시작됐다. 아이들의 놀이 환경과 활동을 지금보다 더 놀이 중심으로 바꿔보자는 제안이다. 이 제안이 아이들에게 어떤 변화를 가져올지 내심 궁금하다. 놀이와 아이의 성장 관계를 살펴보는 실험이 시작되었다.

놀이 실험으로 본 자기조절능력

아주 유명한 마시멜로 실험이 있다. 이 실험은 1960년대에 심리학자 월터 미첼Walter Mischel 교수가 네 살 아이를 상대로 마시멜로 테스트를 하고 아이들이 유치원에서 고등학교를 졸업할 때까지 14년간의 변화를 추적한 연구다.

실험을 위해 아이들에게 책상 위에 둔 마시멜로를 15분간 안 먹고 기다리면 하나를 더 주겠다는 제안을 했다. 그런 상황에서 아이들은 어떻게 행동할까? 아이들은 먹고 싶은 유혹을 이겨내기 위해 두 팔로 머리를 감싸거나 혼잣말을 중얼댄다든지 노래를 불렀다. 마시멜로를 보지 않기 위해 손으로 눈을 가리는 등의 노력으로 끝까지 유혹을 참은 아이가 있는가 하면, 그 충동을 이기지 못하고 선생님이 나가자마자 마시멜로를 덥석 집어먹은 아이도 있었다. 실험을 통해 성공 집단과 실패 집단으로 나눈 다음 장기간 아이들의 변화를 조사한 결과, 마시멜로를 먹지 않고 끝까지 참은 집단은 학업 성적이 뛰어나고 사회성이 높은 아이

아이들의 감정조절능력을 알 수 있는 마시멜로 실험.
목표를 위해 욕구를 참는 만족지연능력을 통해
자기조절능력을 확인할 수 있다.

들이 많았다. 그들은 스트레스를 받아도 쉽게 좌절하지 않았으며 목표가 생기면 그 목표를 달성하기 위해 욕구를 참고 주도적으로 움직였다. 그에 비해 충동적으로 마시멜로를 먹은 집단의 아이들은 자아존중감이 낮고 스트레스를 받으면 쉽게 포기했으며 우유부단한 성격에 짜증이 심했다. 어릴 때의 감정조절능력의 중요성을 알려주는 실험인데 이와 같은 감정조절능력 또한 자기조절능력의 일부이다.

대부분의 미국 신경학자들은 아이들이 학교 생활을 잘할 수 있는지를 예측하는 기준으로 사회 계층이나 지능지수가 아닌, 자기조절능력을 꼽는다. 그것은 자기조절능력이 아이들이 학교 생활을 잘 해나가는 데 필요한 집중력, 즉 다른 아이들이 방해해도 집중할 수 있는 능력, 인내심을 가지고 학습을 꾸준히 지속할 수 있는 능력이기 때문이다. 그것은 IQ, 즉 지능보다 학업성취도를 더 정확하게 예측할 수 있는 도구이기도 하다. 자기조절능력은 자신의 행동과 사고를 스스로 조절하는 능력을 말한다. 자기조절능력은 놀이를 통해 가장 많이 키워지는 능력이기도 하다.

우선 실험에 참가한 동화 유치원 아이들의 자기조절능력을 측정해보기로 했다. 스튜디오에 자기조절능력을 테스트하는 6개의 실험 세트가 만들어졌다. 단계별로 주의력, 사고력, 집중력, 수행 속도, 기억력을 실험하게 된다. 일명 무지개 실험이다. 스튜디오 중앙에는 빨강, 오렌지, 노랑, 녹색, 파랑, 보라의 알록달록한 여섯 가지 색의 둥근 원이 있다. 처음 만나는 빨강 원에서 선생님의 지시에 따라 과제를 수행한 뒤 화살표를 따라 다음 칸으로 옮겨 과제를 수행하게 된다. 수행 과제에 필요한 도구 외에도 과제 수행을 방해하는 장난감, 만화 등의 유혹물들도 빼놓지 않고 자리 한쪽을 차지하고 있다. 실험 공간을 익숙하게 느끼게 하기 위해 미리 스튜디오를 공개했다. 자기조절능력이 좋은 아이들은 낯선 사람들이 지켜보고 있는 이곳의 긴장감을 견디면서 끝까지 집중하여 과제를 해낼 것이다. 감정과 인지를 모두 조절할 줄 아는 것이다.

6단계의 실험 내용은 다음과 같다.

〈자기조절능력 6단계 실험〉

1단계 가장 긴 원통 안에 가장 짧은 원통 넣기
2단계 선생님의 지시대로 행동하기
3단계 틀린 그림 찾기
4단계 이야기 듣고 그에 맞는 그림 카드 고르기
5단계 똑같은 모양 찾기
6단계 지시하는 숫자 순서대로 배열하기

1차 자기조절능력 테스트

아이들이 차례로 들어와 테스트를 수행했다. "꽃이 피어 있는 화분에 물을 주고 옆의 노란 상자 위에 올려놓으세요." 선생님의 말을 잘못 알아들은 연규는 화분에 물을 주고 테스트를 끝냈다. 현수는 이야기를 잘 이해하지 못했다. "아이는 갖고 있던 노란 공을 던졌어요. 아이와 여우 사이에 가시덤불이 생겨났습니다. 던진 공은 무슨 색일까요?" 하고 묻자 현수는 초록 공을 골랐다. 유성이는 수행 속도를 알아보는 테스트 속도가 매우 느렸다. 바짝 긴장했던 수현이는 2단계에 이르자 더 이상 견디기 힘들었는지 스튜디오를 그냥 나가버렸다.

1차 자기조절능력 테스트가 끝났다. 이후 전문가의 진단에 따라 교실 공간 배치부터 프로그램 재조정, 놀이 학습의 변화까지 아이들이 최대한 즐거운 놀이 경험을 하는 프로젝트가 시작됐다.

1차 수행 테스트를 한 지 6개월이 지났다. 훌쩍 자란 아이들을 감안해 테스트의 수준도 높였다. 6개월간의 즐거운 놀이 경험은 아이들에게 어떤 영향을 미쳤을까?

2차 자기조절능력 테스트

1차 수행에서 이야기를 그대로 듣고 따르는 청각 주의력 테스트에서 실패했던 연규는 "흰 꽃에 물을 주고 그 화분을 노란 상자 위에 올려놓으세요"라는 지시를 정확히 알아듣고 그대로 수행했다. 4단계인 듣고 이해하는 능력 테스트에서 실패했던 현수는 선생님이 이야기를 들려준 뒤 던진 "호랑이와 두꺼비가 떡을 만들 때 넣었던 것은 무엇일까요?", "마지막에 호랑이는 어떤 표정을 지었을까요?", "떡시루에서 빠져 나간 떡은 몇 개였을까요?" 등의 질문에 각각 쌀가루, 슬픈 표정 카드, 떡 3개를 옆 접시에 정확히 옮겼다. 지난번에는 5단계 수행 속도를 보는 테스트에서 수행 속도가 너무 느려 점수를 많이 까먹었던 유성이도 기민해졌다. 가장 놀라운 건 수현이. 2단계에서 포기하고 밖으로 나갔던 수현이는 별로 머뭇거리는 기색 없이 6단계 모두 끝까지 수행해냈다.

그들의 변화는 놀라웠다. 사실 이 실험은 놀이 중심의 놀이 변수를 준 경우와 그렇지 않은 경우의 차이를 살펴보기 위해 비교 집단의 실험도 함께 했었다. 비교 집단의 아이들은 초반에는 실험 집단의 아이들과 비슷한 수준을 보였지만 사후 검사 결과에서는 실험 집단 아이들의 변화폭이 커서 비교 집단 아이들을 훨씬 앞지르는 결과를 보였다. 실험의 난이도가 전체적으로 높아졌기 때문에 수치로 보면 큰 차이가 느껴지지 않지만, 비교 집단과 비교하면 그 차이가 두드러진다. 1차 수행 지속성 검사에서 비교 집단은 16점, 실험 집단은 17점이었다. 2차 수행 지속

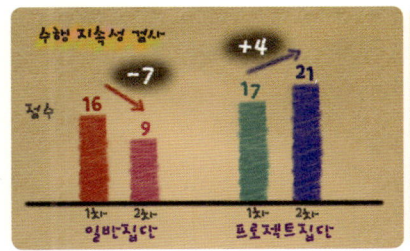 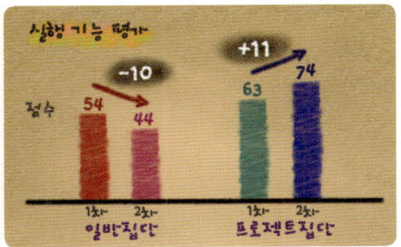

놀이 교육이 불러온 6개월간의 변화는 수치로도 증명되었다.

성 검사에서는 그 격차가 더 벌어졌다. 비교 집단은 난이도가 높아지면서 9점으로 떨어진 반면, 실험 집단은 21점으로 외려 점수가 올랐다. 실행 기능 평가에서도 비교 집단은 54점에서 44점으로 떨어진 반면, 실험 집단은 63점에서 74점으로 올랐다.

"실험을 통해서 보면 상황이 주는 감정적 스트레스도 줄어들었을 것이고 상황을 내가 통제할 수 있다는 자기주도력도 늘었을 겁니다. 작은 주의집중력, 몰입하는 능력, 내가 해야 하는 걸 알아야 하는 능력, 어디까지 끝내야 하는지를 모니터할 수 있는 능력, 이 모든 것들이 자기조절능력으로 드러난다고 볼 수 있죠."

— 박은혜 교수

6개월간의 놀이가 불러온 작은 기적이다. 과연 그동안 이 아이들에게 어떤 변화가 있었던 걸까?

공간 바꾸기 실험과 아이들의 변화

1차 테스트가 끝난 뒤 전문가가 동화 유치원에 투입됐다. 아이들이 노는 모습을 지켜보던 전문가는 세 가지의 문제점을 발견했다. 그리고 문제점을 하나씩 고쳐나가기로 했다.

처음 주목한 문제점은 유치원의 닫힌 공간이었다. 첫 번째로 시도한 변화는 공간 바꾸기. 보다 정확하게는 '어울려 놀 수 있는 공간 만들기'다. 유치원의 가장 큰 문제는 교실의 모든 교구들이 고정되어 있다는 점이다. 교실은 아이들이 마음껏 움직이기 비좁을 정도로 활동 영역을 구분하는 교구로 가득 차 있었다. 책상은 아이들 수보다 많았고, 동화책을 꽂은 책장은 파티션 역할을 하며 공간을 분리했다. 깔끔하게 정리를 한다는 것이 정작 놀이 공간을 부족하게 만들어 닫힌 공간으로 만든 셈이다.

공간이 좁으면 아이들 간의 상호작용도 힘들다. 2명 이상이 모여 역할 놀이를 하거나 쌓기를 할 때 가장 필요한 건 공간 확보다. 무조건 공간이 커야 한다는 뜻은 아니다. 여러 명이 놀아야 할 공간이 비좁으면 아무리 좋은 장난감을 주어도 혼자 놀거나 최대 2명을 벗어나지 못한다. 여럿이 함께 즐겨야 재미있는 놀이가 제대로 놀 수 있는 공간이 없어서 불편한 놀이가 된 것이다. 공간이 부족하면 장난감의 위치를 자유롭게 바꾸지 못해 놀이 영역도 고정되어 버린다. 아이들 스스로 위치를 자유롭게 옮기며 놀기보다는 그 자리에는 그 물건이 있어야 한다고 생각을 제한해 행동의 제약을 받게 되는 것이다.

동화 유치원의 아이들도 그랬다. 비좁은 데서 블록을 쌓는 걸 지켜보던 선생님이 "블록 통 좀 꺼내줄게. 그게 더 편하겠다"라고 하자 아이들

놀이 공간의 변화. 닫힌 공간을 열어놓음으로써 공간의 변화를 주었다.

은 "안 돼요"라고 거부하며 제자리에 놔두기를 고집했다. 시간이 더 흐르면 놀이 주제에 따라 원하는 물건을 언제든지 꺼내 쓸 수 있어야 하는데 그러지 못하고 같은 물건만 계속 꺼내는 단점도 생긴다. 그래서 한 가지 주제에 따라 놀이가 진행될 때 교구장을 옆으로 돌려 위치를 바꾸거나 블록 바구니를 다른 곳으로 옮겨서 놀이 공간을 스스로 결정해 바꿀 수 있도록 해야 한다. 불필요한 공간을 줄이고 공간 위치가 달라지는 것만으로도 놀이는 더욱 활발해질 수 있다.

놀이 공간은 유아의 흥미나 놀이 상황에 따라 얼마든지 바뀔 수 있다. 놀이가 즐거우려면 놀이에 몰입할 수 있도록 공간을 융통성 있게 활용하는 자세가 필요하다. 우선 유치원의 교구로 가로막혀 있던 공간을 열어 어울려 놀 수 있는 자리를 만들었다. 중앙에 있던 책상들은 벽으로 밀어붙이고, 그 위는 산뜻한 색감의 천을 덮었다. 이것만으로도 함께 어울릴 수 있는 어여쁜 공간이 탄생되었다. 전문가의 분석에 따라 바뀐 공간을 아이들은 어떻게 받아들일까?

유치원의 변화 1

장난감의 재발견이 시작됐다. 한 아이가 교구를 일자로 길게 이었다. 이름하여 '낚싯대'란다. 다른 아이가 끼어들었다. "낚싯대? 우와~ 정말 길다!" 환호성이 터졌다. 아이들이 하나둘 모여들더니 줄넘기가 시작됐다. 두 아이가 줄 끝을 붙잡고 구호에 맞춰 돌리면 나머지 아이들은 차례대로 가운데에 뛰어들어 줄을 넘었다. 중간에 줄이 끊어지면 당황하지 않고 바로 이어붙이고는 "시작~"을 외치며 놀이에 몰두했다. 멋진 시작이다.

두 번째로는 놀이 시간을 조정했다. 유치원이라고는 하지만 아이들의 하루 일과는 빡빡하기만 하다. 일정은 빽빽하게 짜여 있었고 오전에 주어진 자유 놀이 시간은 30분을 넘지 않는다.

"놀이는 어떤 어려운 일을 하다가 잠깐 주어지는 휴식이 되어서는 안 됩니다. 상당히 긴 기간 동안 아이들이 계획하고 준비하고 역할에 대한 것을 맞추고 이야기를 개발할 수 있도록 충분한 놀이 시간을 한꺼번에 주는 것이 바람직합니다."

— 박은혜 교수

전문가는 놀이 시간이 최소한 한 시간 이상 지속되도록 짜야 한다고 당부했다. 아이 스스로 실컷 놀았다고 느낄 수 있을 정도로 말이다.

<놀이 시간의 변화>

(전)
 9:20 등원
10:00 자유 놀이
10:25 간식
10:40 집단 활동
11:10 자유 놀이
11:40 집단 활동
12:20 점심 및 휴식
13:30 실외 활동
14:00 동화 읽기
14:30 귀가 지도

➡

(후)
 9:20 등원
10:00 집단 활동
10:25 자유 놀이 및 간식
11:40 집단 활동
12:20 점심 및 휴식
13:30 실외 활동
14:00 동화 읽기
14:30 귀가 지도

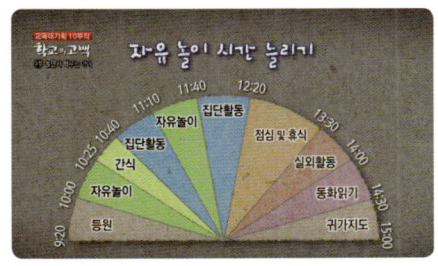

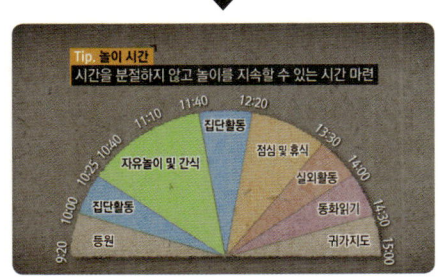

놀이 시간이 지속되도록 유치원의 시간표가 바뀌었다.

셋째, 장난감의 변화다. 동화 유치원에 교구 대신 선생님이 발품을 팔아 마련한 여러 가지 색깔의 천과 구슬, 단추가 새로운 장난감으로 등장했다. 선생님의 새로운 장난감 덕에 그전까지 한 번도 없었던 식당이 새로 생겼다.

유치원의 변화 2

여자아이 둘이 책상에 선생님이 가져온 갈색 천을 덮고, 그 위에 분홍색 천을 엇갈려 덮었다. 멋스러운 식탁보가 탄생했다. 이 식당의 이름은 '모든 음식이 있는 재미식당'. 고객이 주문을 하면 주문한 대로 음식을 만드는 식당이다. 벽에는 케이크, 과일, 밥통, 밥, 주스, 파티, 물 등 필요한 도구를 가지런히 써 놓은 흰 종이를 붙였다.

책상에 모인 아이들의 모습이 유난히 분주하다. 한창 마법 수프를 만들고 있기 때문이다. 선생님이 복숭아 젤리를 주문하자 아이가 젤리를 접시에 올려 곱게 내놓는다. 단추는 상상력이라는 요리법을 거쳐 젤리가 되었다. 한쪽에서는 다른 아이가 고객에게 상품을 열심히 설명 중이다. "이건 포도맛 사탕.", "이거는 사과맛 사탕." 보라색 단추는 포도맛 사탕, 파란색 단추는 사과맛 사탕으로 변신했다. 그 사이 식당 놀이는 어느새 요정 놀이가 됐다. "그런데 어느 날 갑자기 괴물이 나타났어요. 그래서 우리는 요정으로 변신하고…." 한 아이의 상상 덕에 새로운 놀이가 펼쳐졌다.

이제 막 시작된 이 상상 놀이야말로 자기조절능력을 키우는 좋은 놀이다. 아이들이 새로운 놀이를 개발하는 동안 선생님은 애써 설명하기보다는 아이들이 무슨 놀이를 하는지 생각을 듣고 질문을 했다. 천을 내주고서 "이거 테이블보로도 쓸 수 있어"라고 못 박지 않고 아이들에게 새로운 장난감을 보여 준 다음엔, 아이들 생각을 들어보라는 전문가의 조언에 따랐더니 창의력 넘치는 놀이가 뚝딱 만들어졌다.

비싸고 화려한 완제품을 좋은 장난감이라고 생각하기 쉽지만 실제로는 그렇지 않다. 용도가 고정되어 있는 장난감보다는 만들고 변형시킬 수 있는 개방적 장난감이 좋은 장난감이다. 굳이 비싼 값을 주고 살 필요도 없다. 폐품, 돌과 나뭇잎 같은 자연물, 천, 단추 등을 포함해 앞치마, 넥타이도 훌륭한 장난감으로 활용할 수 있다. 특히 옷감과 부자재를 파는 시장은 장난감 천국이다. 분홍색 천 하나, 알록달록한 단추만 쥐어줘도 아이들은 특유의 상상력으로 셀 수 없이 많은 놀이를 창조해낸다.

아이들은 이미 진화할 준비가 되어 있다

성인의 놀이는 휴식이나 스트레스 해소가 목적이지만 아이들의 놀이는 생활이며 세상을 알아가고 이해하며 학습하는 도구이다. 그럼에도 엄마는 아이가 놀이를 하다가 다치지는 않을까, 어질러 놓지는 않을까, 행여 공부 시간을 뺏기지는 않을까 걱정을 한다. 체험 학습이나 볼거리 많은 전시관에 가면 아이들이 직접 보고 만지고 스스로 느낄 수 있도록 충분히 기다려주지 않고 아이 뒤를 바쁘게 쫓아다니며 열심히 설명한다.

　최근 아빠들이 자녀와 함께 여행을 떠나는 TV 프로그램이 인기를 모으고 있다. 그 인기의 요인은 여섯 살부터 열 살 남짓한 꼬마들의 천진난만한 행동과 상상력 넘치는 말 때문이었다. 안방에 아이들 열풍을 몰고 온 이 프로그램은 예능이 아니라 대한민국 이모, 삼촌, 부부들을 위한 출산 장려 운동이라는 우스갯소리가 돌 정도다. 한 아이는 쌀 고르는 키를 하늘을 나는 로켓으로 변신시켰고, 다른 아이는 돌아가신 할아버지 생각에 울적해진 아빠를 위해 즉석에서 창작 동화를 선보였다. 이것 말고도 유명 포털 사이트에는 아이들의 엉뚱하고 기발한 행동으로 깔깔 웃게 만드는 사진들이 일상적으로 올라온다. 어쩜 그런 생각을 할 수 있는지 보는 것만으로도 감탄이 절로 나온다. 아이들은 엄마의 숄을 다리에 친친 동여매 인어공주가 되고, 파란 수건을 바다라고 우기기도 한다. 막대기는 소방관이 불을 진압할 때 쓰는 호스가 되고 보자기는 슈퍼맨의 망토가 되는 등 부엌 살림살이나 일상에서 쓰는 모든 도구들은 상상력과 창의력에 의해 훌륭한 물건으로 재탄생한다.

　그것으로 끝이 아니다. 함께하는 놀이를 통해 아이들은 구성원의 다양한 역할을 수행하며 사회성을 배우고, 기초 학습을 터득해나간다. 이를 테면 가게 놀이를 하면서 수학을 싫어하는 아이가 돈 계산은 확실히 했고, 가게 이름을 뭘로 지을지 고민하면서 어휘력을 키웠다. 손님에게 가게에서 파는 물건을 설명하며 사물에 대한 명칭도 익혔다. 바닥에 엎드려 놀면서 아이들은 자신의 몸을 움직이는 법을 배우고 신체를 발달시켰다. 그렇게 친구들과 함께 뛰고 달리고 노는 사이 의견이 다를 때는 서로 의견을 맞춰가고, 규칙을 지켜가면서 자연스럽게 사회성도 키워나갔다. 놀이를 통해 즐겁고 자연스럽게 세상을 배우고 학습하는 것이다. 이렇듯 아이는 놀이를 통해 이미 진화할 준비가 되어 있다.

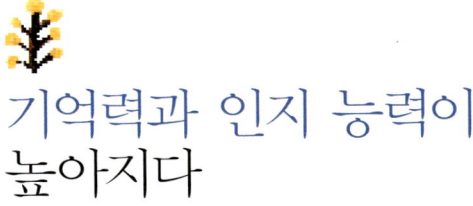
기억력과 인지 능력이 높아지다

대한민국 유치원생들이 노는 법

2012년 EBS에서 방영한 〈놀이의 반란〉 중에서 인상적인 대목이 있었다. 가족 간의 상호 관계와 아이의 현재 정서 상태를 알아보기 위해 실험에 참가한 일곱 명의 아이에게 가족을 그려보라고 주문했다. 대체적으로 평범한 그림이었는데, 그중 눈에 띄는 그림이 있었다. 텅 빈 방 한가운데 휴대전화와 태블릿 PC만 덩그러니 놓여 있는 그림이었다. 엄마는 부엌에, 아빠는 회사에 가서 아무도 없다는 설명이었다. 전문가가 아이의 평소 생활을 관찰하니, 대부분의 놀이가 '영어 단어 맞히기 놀이', '직육면체 만들기' 등 학습과 관련된 교구 활동 아니면 학습지 풀기였다. 다채로운 놀이와 체험 활동이 늘었다고는 해도 대부분은 오감을 이용해 즐기는 놀이가 아니라 학습과 연계된 놀이다.

집에서뿐 아니라 종일반, 또는 반일제 유치원의 사정도 비슷하다. 9시를 전후해 등원을 하면 거의 30분, 1시간 간격으로 학습 위주의 활동이 빽빽하게 짜여 있다. 중간에 간식 시간을 제외하고는 내·외부 강사를 초빙해 영어, 중국어, 가베, 독서 활동, 미술, 수학 등을 배운다. 심지어 입학 시험은 물론 반 배정 평가 시험까지 치르고 들어가야 하는 유아 대상의 영어 학원에서는 체육 시간이 일주일에 고작해야 두 시간뿐이다. 많은 유치원이 초등학교의 교과 과정을 미리 가르치는 학원처럼 변해가는 것이다.

유치원의 원조라고 불리는 독일은 우리나라의 유치원과 정반대의 시스템이다. 독일 유치원은 교육이라기보다는 함께 어울려 놀기에 가깝다. 교실 뒤쪽에는 대부분 정원이 있어서 하루에 한 번씩은 신선한 공기를 쐬며 야외 활동을 한다. 아이들은 그 안에서 만져보고 살펴보고 냄새를 맡고 맛을 보고 여러 가지 자극을 받는 방식으로 놀고 배운다. 산에 오르면서 숲에서 놀잇거리를 구해 놀거나 나무에 오르는 과정을 반복하고 실패와 성공의 경험을 하면서 성취감을 느낀다.

한국과 독일 유치원의 차이는 테스트를 통해서도 여실히 드러났다. 한국의 유치원생은 언어와 수리 능력 테스트와 같은 학습 능력 면에서는 월등히 앞질렀지만, 내용의 인과 관계를 밝히는 이해력 테스트에서는 역전당했다. 독일 아이들의 정답률이 75퍼센트인 반면 한국 유치원생은 그 절반에도 못미친 30퍼센트의 정답률을 보인 것이다.

과연 놀이가 이러한 차이를 만든 것일까? 그렇다면 아이의 놀이가 발달 과정과 학습에 어떤 영향을 미치는 걸까?

상상 놀이의 효과

어린이들의 상상은 끝이 없다. 앞서 보라색 단추를 포도맛 사탕으로 상상하는 것처럼, 두 살이 넘으면 인형을 진짜 아기처럼 업고 다니고, 또래끼리 서로 엄마, 아빠 역할을 나누어 소꿉놀이를 하는 등 스스로 이야기를 꾸미고 상상 속 인물이 되어 연기를 한다.

상상 놀이는 상상력을 자극하는 것 외에 실질적으로 아이들에게 어떤 도움을 줄까? 정말 놀기만 해도 아이들은 잘할까? 제작진은 놀이의 오래된 비밀을 살펴보는 실험을 했다. 이번 실험은 아이들이 정해진 자리에서 이동하지 않고 얼마나 버티는지를 알아보는 것이다. 방 가운데에는 노란 탁자 위에 빨간 깃발을 놓아두고, 바닥에는 아이가 서 있을 수 있는 네모난 공간을 그렸다. 이제부터 보이지 않게 숨겨둔 카메라로 아이의 행동을 지켜볼 예정이다.

선생님의 지시로 버티기

선생님이 한 아이를 방으로 부르고, 할 일을 설명한다.
"바닥에 네모가 보이죠? 여기 한가운데에 서 볼게요. 이제부터 이 자리에 가만히 서 있는 거예요. 더 버티기 힘들면 왼쪽에 있는 빨간색 깃발을 들어서 흔들고 밖으로 나오면 돼요." 시작 소리와 함께 선생님이 나가고 방에는 아이 혼자 남았다. 선생님의 말에 따라 손과 발을 가지런히 모으고 몸을 꼿꼿하게 세우는가 싶더니 얼마 지나지 앉아 "하오" 하며 한숨을 내쉰다. 힘든 기색이 역력하다. 그러다가 발만 떼지 않은 채 온몸을 흔들었다가 인상도 한번 꾸깃했다가 발을 콩콩 구른다. 세상에, 이렇게 고달픈 일이 또 있을까? 결국 아이는 "선생님, 가만히 있기 힘들어요" 하며 빨간 깃발을 들었다. 아이가 버틴 시간은 47초였다.

나머지 아이들도 처음 아이와 다르지 않았다. 한 아이는 머뭇대다가 12초 만에 나가버렸고, 다른 아이는 버티기가 힘들었는지 8초 만에 말도 없이 그냥 나갔다. 그렇게 대부분의 아이가 채 30초도 버티지 못하고 빨간 깃발을 흔들며 항복 선언을 했다.

한 달 뒤 다시 같은 실험을 했다. 실험 방법은 같지만, 이번에는 상상할 수 있는 여건을 주었다. 이른바 상상 놀이다. 선생님이 먼저 얼음나라의 어린 왕자 이야기를 들려주었다. 불을 내뿜는 무시무시한 용이 어린 왕자를 데려가기 위해 성을 공격한다는 내용이다.

상상하면서 버티기

선생님 : 어떡해. 어린 왕자를 누군가가 꼭 지켜줘야 할 것 같은데, 그렇지?

아이 : 에이, 나이트(기사)가 지켜주면 되지.

선생님 : 나이트가 지켜주면 될 것 같아?

아이 : 네. 나이트는 용이랑 싸울 수 있잖아요.

선생님 : 나이트는 아주 강한 존재일 것 같아?

아이 : 네.

선생님 : 그럼 이제부터 얼음성에 딱 버티고 선 나이트가 돼서 용을 지키는 거예요. 만약 더 이상 지키기 힘들면 앞에 놓인 깃발을 흔들고 밖으로 나오면 돼요.

이제 아이는 곧 보이지 않는 갑옷을 입은 용감무쌍한 기사가 되었다. 팔을 흔들고 어깨를 늠름하게 쭉 편 모습이 진짜 기사가 된 듯하다. 아이는 입으로 "프슈", "피유" 총을 쏘며 상상의 성을 지켰다. 그렇게 무기를 들고 왕자를 지킨 아이는 무려 3분 16초를 버텼다.

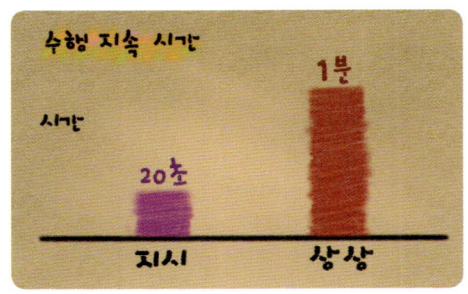

수행 지속 시간의 변화. 상상이 더해지자 무려 3배의 시간을 버틸 수 있었다.

마음속에 상상이 생겨나자, 실험은 놀이가 됐다. 그저 의미 없이 버티는 지루한 시간이 놀이로 바뀌자 아이들은 큰 인내심을 보여주었다. 선생님이 읽어주신 동화가 너무 겁이 나서 실험을 중도에 포기한 아이도 더러 있었지만, 대다수의 아이들은 첫 번째 실험보다 더 오래 버텼다.

그 결과 수행 지속 시간은 큰 차이를 보였다. 선생님의 지시로 버틴 시간은 평균 20초인 반면 상상하여 버틴 시간은 평균 1분을 기록한 것이다. 단지 마음속에 상상을 더했을 뿐인데, 아이들은 무려 3배의 인내심을 발휘했다.

유아는 발달 특성상 집중 시간이 굉장히 짧다고 한다. 우스갯소리로 아이들의 연령과 집중 시간은 비례한다는 말이 있을 정도다. 예컨대 만 3세는 3분 동안만 주의집중력을 보인다는 뜻이다. 하지만 놀이에 관해서만큼은 이러한 법칙도 통하지 않는다. 놀이에 집중하면 시간 가는 줄 모르고 하루 종일 지치지 않고 논다.

시간은 상대적이다. 똑같은 하루지만 어떤 날은 1분이 한 시간처럼 지루하게 흘러갈 때가 있고 어떤 날은 1분이 어떻게 흘러갔는지조차 모를 정도로 쏜살같이 지나간다고 느껴질 때가 있다. 시간이 상대적으로 느껴지는 이유는 몰입 때문에 생긴다. 재미를 느끼거나 그 순간을 만족할수록 시간은 빠르게 지나간다. 왕자를 지키는 기사가 된 자신을 상상했던 아이들이 더 오래 버틸 수 있었던 이유이기도 하다. 이 차이가 바로 놀이의 가치이다.

캠핑 실험에서 나타난 기억력의 차이

도심에서 캠핑을 경험해보는 이색 캠핑장. 이곳에서 놀이가 갖고 있는 또 다른 기능을 알아보기로 했다. 실내에 펼쳐진 텐트 안에는 모형 고기와 프라이팬, 물병, 손전등, 포크, 숟가락, 침낭, 침대와 같은 캠핑용 도구들 외에 아이들을 위한 여러 가지 장난감들이 놓여 있다. 두 집단으로 나뉜 아이들은 캠핑장에 놓인 다양한 놀이 기구와 소품들을 얼마나 기억하는지 알아보는 기억력 테스트를 할 것이다.

우선 집단을 교사 설명팀과 자유 놀이팀으로 나누었다. 교사 설명팀은 캠핑장에 어떤 물건이 있는지 선생님의 설명을 듣게 하고, 자유 놀이팀은 선생님 없이 캠핑장 안에 있는 물건을 마음껏 만지고 놀 수 있게 했다. 실험 전, 간단한 기억력 테스트를 실시한 다음에 인지 능력이 비슷한 두 집단으로 나누어 변수를 최대한 좁혔다.

교사 설명팀

캠핑장에 들어가자 선생님은 아이들을 세워놓고, 그 안에 있는 물건을 하나하나 확인시켜줬다. "여기는 무엇을 하는 곳인 것 같아요?", "밥하는 곳이요.", "이거는 뭘까요?", "손전등이요"와 같이 선생님이 하나를 가리키면 아이들은 그에 맞춰 대답하거나 아니면 "우리가 캠핑 갈 때는 집에 있는 의자나 집을 가지고 갈 수 없어요. 그렇기 때문에 텐트를 가져가요. 집을 차에다 실을 수 있는 거예요. 또 돗자리를 깔아서 잠도 잘 수 있어요"와 같이 앞에 놓인 물건을 설명하는 식이었다.

그렇다면 자유 놀이팀은 어떻게 진행되었을까?

자유 놀이팀

선생님이 없는 상태에서 아이들이 캠핑장 안으로 뛰어들었다. 수많은 소품들을 보고 환호성을 지르던 아이들은 각자의 방법으로 놀기 시작했다. 침낭에 대자로 드러눕고, 그 옆에 있는 모자도 눌러 써본다. 벽면에 있는 인형에 호기심을 드러내며 만지기도 하고, 물병을 보며 벌컥벌컥 물 마시는 흉내도 낸다. 캠핑장 구석구석을 채운 소품들을 아이들은 시선이 가는 대로, 마음이 가는 대로 가지고 놀았다.

몇 시간 후 두 집단에게 다시 기억력 테스트를 했다. 캠핑장에서 본 물건들을 펼쳐놓은 사진 중에서 찾아내는 간단한 실험이다. 물론 책상 위에 놓인 사진에는 캠핑장에 있는 물건과 없는 물건이 뒤섞여 있다.

과연 그 결과는 어땠을까? 기억력 테스트 결과 교사 설명팀은 평균 1.6을, 자유 놀이팀은 평균 9.25를 기록했다. 비슷한 인지 능력을 보였던 두 집단의 격차가 무려 6배로 벌어진 것이다.

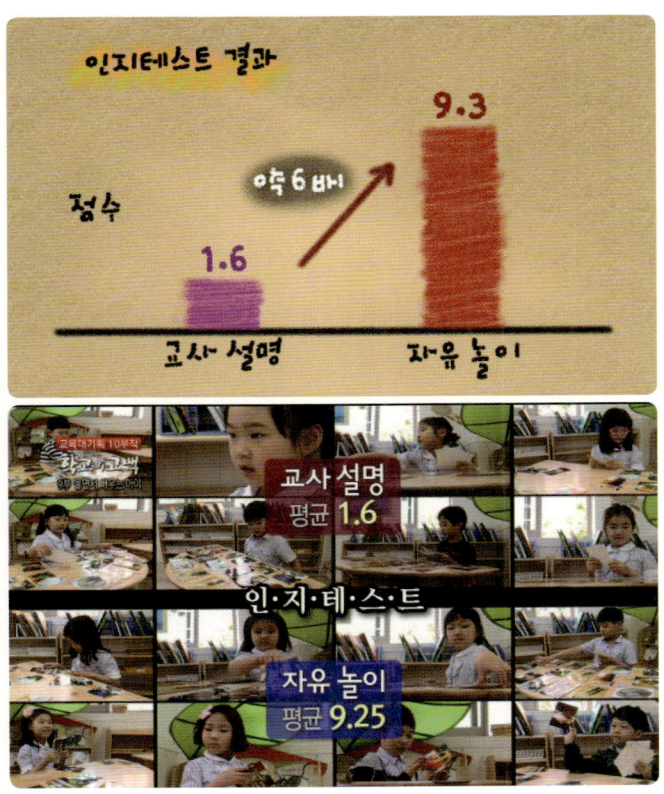

기억력 테스트 결과, 교사 설명팀과 자유 놀이팀, 두 집단의 격차는 6배나 벌어졌다.

6배의 차이는 어디서 온 것일까

캠핑 실험 결과에 의하면 놀이를 통해 직접 체험하고 느끼고 경험해 얻은 기억은 설명으로 받아들인 기억보다 6배나 오래갔다. 이 6배의 차이는 어디에서 비롯된 것일까?

"놀이를 했던 아이들은 더욱 그 일에 몰두했고, 스스로 배워야 한다고 책임감을 가졌으니까요. 놀이를 하지 않았던 집단은 그러지 못했죠. '이걸 왜 기억해야 하지', '이걸 알아서 뭘 하지'라고 반응하는 겁니다. 중요한 일도 아닌데 이걸 왜 기억해야 하느냐는 거죠."

— 스티븐 바넷 (럿거스대학교 유아교육과 교수)

누구나 좋아하는 TV 드라마를 시간이 가는 줄 모르고 보거나 야구나 축구 경기에 몰입했을 때의 경험이 있을 것이다. 그 순간만큼은 주변이 아무리 소란스러워도 시계 초침 소리도 들리지 않을 정도로 고도로 집중하게 된다. 시험을 몇 분 앞두고 공부에 몰입하면, 어떤 잡생각도 끼어들지 않고 집중해 예상보다 좋은 결과를 얻을 때도 있다. 아인슈타인이나 뉴턴이 뛰어난 과학자로 인정받은 이유도 한 가지 문제에 집중하면 몇 달, 몇 년을 몰입할 수 있었기 때문이다. 몰입이 집중력을 지속시켜 학습 효과를 더 높였다는 것이다. 특히 좋아하는 일을 할수록 그 일에 빠져 몰입한다는 건 잘 알려진 사실이다.

마찬가지로 자유 놀이팀 아이들은 캠핑 놀이에 몰두해 스스로 배우는 즐거움을 느끼고, 주도적으로 새로운 것을 알아갔지만, 교사 설명팀은 교사가 일러주는 내용을 수동적으로 받아들이기만 했다. 캠핑 장비의 이름을 왜 알아야 하는지, 기억할 필요성을 못 느꼈던 것이다.

놀이로 배우는 것과 교사의 설명으로 배우는 것의 근본적인 차이를 스티븐 바넷Steven Barnett 교수는 자기주도성으로 보았다. 놀이는 아이 스스로 주도해 배움에 이르지만, 교사의 설명은 교사가 주도해 배움에 이르게 만든다는 뜻이다. 어른이 주도해 지식을 전달하는 방식은 아이들을 수동적으로 만들어 자연히 머리를 쓰지 않게 만든다. 선생님의 요구대로 학습하는 것과 실제로 참여하고 탐구하며 장난감과 주변의 물건을 활용해 배우는 것을 비교해보면 놀이 환경에서 학습 능률이 더 큰 이유를 알 수 있다. 주도적인 가르침이 필요할 때가 있지만, 교사가 주도하는 학습 방식에 치중하면, 아이들은 직접 참여해서 탐구하지 못해 학습 효과는 그만큼 떨어질 수밖에 없다.

어린아이일수록 교사나 부모가 요구하는 대로 배우는 데 어려움을 느낀다. 아직 아이의 두뇌가 그것을 소화할 수 없기 때문이다. 하지만 놀이는 그 상황을 즐겁고 재미있게 만들기 때문에 탐구하고 부딪혀가며 배울 수 있는 기회를 주는 것이다.

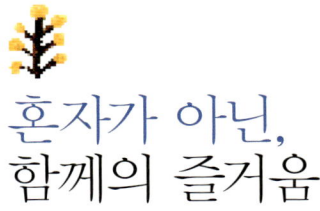

혼자가 아닌, 함께의 즐거움

〈호랑이와 팥죽 할멈〉 극놀이

오랜만에 놀이 프로젝트를 진행하고 있는 놀이반을 찾았다. 오늘따라 활기가 넘쳐 보이는 프로젝트 놀이반에서 한창 극놀이를 진행 중이다. 극놀이의 제목은 〈호랑이와 팥죽 할멈〉. 무시무시한 호랑이가 팥죽 할멈을 잡아먹으려고 하자 팥죽 할멈은 동지 팥죽을 쒀 주겠다고 하고 죽을 날을 미룬다. 마침내 약속한 날이 되어 할멈이 울고 있자 알밤, 자라, 물찌똥, 송곳 등이 나타나 할멈이 만든 팥죽을 얻어먹고는 힘을 합쳐 호랑이를 물리친다는 옛이야기다.

〈호랑이와 팥죽 할멈〉 극놀이를 시작하다

놀이반 앞에는 매표소가 차려져 있다. 계단에 가지런히 줄을 선 동생반 아이들은 매표소에 자리 잡은 언니 오빠들이 표를 끊어주자 얌전히 교실에 입장했다. 한창 소란스럽기만 하던 아이들이 스스로 만들어낸 질서다. 이처럼 아이들은 어른들의 세계를 흉내 내면서 세상을 배우기 시작한다.

연극이 시작되기 전, 여자아이 둘이 나와 다소곳이 인사를 했다. 연극이 공연되는 동안 지켜야 할 약속을 알려주기 위해서다. "첫째, 극장에서 뛰지 않아요. 둘째, 공연 중에 일어나지 않아요." 동생들도 언니, 누나의 말을 경청한다.

한 아이가 페트병 두 개를 맞부딪쳐 소리를 내며 시작을 알렸다. 그 소리를 신호로 현우와 친구들이 천막을 걷었다. 호랑이 가면을 쓰고, 팥죽 할멈 분장을 한 연기자들이 일렬로 서서 인사를 한 뒤 본격적으로 공연이 시작됐다. 행복한 놀이를 마친 아이들이 관객들을 마주하고 인사를 하자, 관객들의 박수 소리가 터져나왔다.

할머니 역할을 잘하기 위해서는 상대 배역인 호랑이를 이해해야 한다. 줄거리를 기억해서 제때 역할을 해내야 하고, 송곳이 호랑이에게 똥집을 넣는 우스꽝스러운 순간에도 자기 역할을 잊으면 안 된다. 그 모든 것들이 어우러져 아이들은 놀면서 배울 수 있다.

사회극화 놀이는 놀이로 인생을 펼쳐보는 것이기 때문에 삶의 방식을 배우고 그에 따르는 질서를 익히게 된다. 역할이 있고 따라야 하는 규칙이 있다. 그래서 사회극화 놀이를 하게 되면 놀이 자체보다 놀이를 계획하고 규칙을 세우고 수정하는 데 시간이 훨씬 많이 걸린다. 〈호랑이와 팥죽 할멈〉의 경우도 그렇다. 누가 호랑이를 하고 알밤을 할지, 중요한 역할을 결정하기까지는 충분한 시간이 필요하다. 참여한 아이들 누구나 만족할 수 있도록 공평함도 잊지 말아야 한다. 특히 어른이 일방적으로 정하는 게 아니라 아이들에게 계획을 맡기려면 더 많은 시간이 필요하다.

역할 놀이는 다른 사람이 지시하는 대로가 아니라 아이들 스스로 계획하고 그룹이 함께 문제를 해결해야 한다. 계획을 짜고 책임질 줄도 알아야 한다. 따라야 하는 규칙도 있다. 만약 의사 역할을 맡았다면, 의사의 특징에 적합한 역할을 따라야 한다. 아이가 아프면 엄마는 마음이 아파 울거나 당황할 수 있지만 의사는 울거나 당황해서는 안 된다. 냉철하게 증세를 파악하고, 진단해야 한다.

게다가 놀이를 하면서 아이는 처음으로 결정권을 갖는다. '이걸 할지, 아니면 다른 걸 할지' 스스로 결정을 해야 한다. 소란스러운 아이에게 "가만히 좀 앉아 있어"라거나 "떠들지 마"라고 할 때는 아이에게 선택권이란 없다. 만약 아이가 어른의 말에 따르지 않는다면 억지로라도 앉게

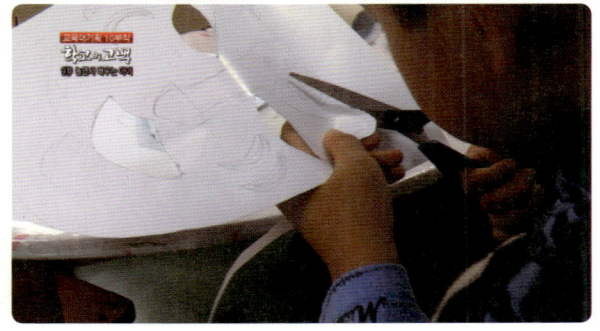

아이들은 극놀이에 필요한 역할을 각자 정하고 그에 맞는 계획을 수행했다.

하거나 조용히 하도록 만들곤 한다.

　놀이는 공동체 생활을 하면서 공동 규칙에 따르게 만드는 힘이 있다. 놀이를 하면서 아이들은 새 계획을 세우거나 수정을 한다. "이제 네가 의사 해. 나는 엄마를 할게"라면서 역할을 바꾸고, 각본도 새로 짠다. 하지만 놀이를 하면서 장면은 바뀌어도 여전히 엄마로서의 특징, 의사로서의 특징을 이해하고 이에 맞는 규칙을 따른다.

　또한 다른 아이들과 협상하는 법, 자신이 원하는 바를 남에게 설명하는 법을 배운다. 가게 놀이를 한다고 하자. 놀이에 몰두하다 보면 꼭 예상치 않은 문제가 생긴다. 물건이 부서지는 경우도 있고, 손님 역할을 맡은 아이가 갑자기 자리를 떠날 수도 있다. 그때는 스스로 해결책을 찾아야 한다. 실제로 닥치면 위험할지도 모를 상황을 놀이라고 하는 안전한 상황에서 자신의 감정을 어떻게 다룰지, 다른 사람의 기분은 어떠한지 생각해보면서 사회성을 배운다.

이처럼 한 편의 연극을 올리기 위해서는 많은 수고가 뒤따른다. 안 보이는 사이, 아이들은 구체적으로 어떻게 극놀이를 준비하면서 변화하고 성장하게 되었을까?

혼자서는 완벽할 수 없다

〈호랑이와 팥죽 할멈〉 극놀이를 준비하는 첫째날. 선생님이 놀이를 하겠다고 하자 아이들은 너도나도 호랑이, 할머니를 하겠다고 나섰다.

저마다 맡고 싶은 배역을 이야기하자 선생님이 "누가 누군지 헷갈린다. 어떻게 하면 잘 알 수 있을까?"하고 아이들에게 질문을 돌려준다. 그러자 윤지가 "여기다(종이에) 써 놓자"고 제안을 했다.

처음에 일방적으로 선생님이 모든 걸 통제하고 지시하던 때와는 확 바뀐 풍경이다. 달라진 건 아이들만이 아니다. 대답 대신 질문을 돌려주는 선생님 덕에 아이들도 할 일이 많아졌다. 서로 누가 호랑이를 할 건지, 할머니를 할 건지 배역을 정하고 아이들의 생각도 정리됐다. 알밤은 슬교가 하고, 호랑이는 지혁이가 하고 할머니는 선생님이 하기로 했다. 배역들이 척척 정해졌다.

교실에서 아이들은 무얼 하든 최대한 집중한다. 윤지가 제목을 정리해 글을 읽을 때도 마찬가지다. 예전에는 볼 수 없었던 모습이다. 따로따로 앉아서 얌전히 책상만 지키고 있던 아이들이 멋진 팀워크를 보였다. 지금 등장하지 않아도 되는 아이들은 커다란 천을 덮어 몸을 가렸고 선생님은 "시진아, 그럼 선생님은 여기가 집이니까 여기서 나와서 씨를 뿌리면 돼?" 하고 연출자의 지시를 기다려주었다. 연출자가 된 시진이도 아이들을 통솔하는 품이 여간 능숙한 게 아니다. 혼자서 움직이는 것이 아니라 뭔가를 다 함께 하는 것이 익숙해진 게 가장 큰 변화다.

그렇게 한 파트가 끝나자 아이들은 서로 의욕을 보이며 나선다. 다음 배역을 기다리는 것이다. 현우는 호랑이를 하겠다고 하고, 한 아이는 송곳을, 다른 아이는 밤을 하겠다고 나섰다.

이야기 나누는 시간도 달라졌다.

선생님 : 어떤 역할이 더 필요하고 연극을 위해 무엇이 더 있었으면 좋겠는지 한번 얘기해줄 친구?
하윤 : 우리가 사람들에게 역할을 말해줬으면 좋겠어요.
선생님 : 아, 연극하기 전에 자기 역할을 소개하는 시간이 있었으면 좋겠어? 왜 그런 생각을 하게 됐어?
하윤 : (관객이) 모를 수도 있잖아요.
선생님 : 그리고 끝난 다음에는 어떻게 해?
하윤 : (인사하는 시늉을 하며) 이렇게 해요.
선생님 : 끝난 다음에는 잘 들어주셔서 감사하다고 인사하는 거네. 그럼 자기소개하고 연극하고, 끝난 다음에는 다시 인사해요? 알겠어.

순서가 정해지자 선생님이 포스터 이야기를 꺼냈다. 우리가 언제, 어디서, 어떤 내용으로 공연한다고 알리는 홍보물이라고 하자 주 관객층인 동생들이 잘 볼 수 있는 곳에 포스터를 붙이자는 제안이 나왔다. 내친 김에 붙일 곳도 정했다. 계단 길목인 1층과 2층부터 시작해 아이들이 잘 다니는 길들을 추리기 시작했다.

놀이 계획을 세우는 이 시간이야말로 아이들 모두가 주인이다.

놀면서 성장하는 아이들

함께 어울리고 서로 가르쳐주고 새로운 시나리오를 완성해내는 데에는 오랜 시간이 걸린다. 그 과정을 아이들은 고스란히 해냈다. 예전이면 상상하기 힘들었을 모습이다. 게다가 자신들이 본 대로 대본을 짜보고 어른들의 말을 그대로 따라하는 것 아닌가. 그게 바로 성숙한 놀이다.

"성숙한 놀이는 뚜렷한 목표를 가지고 여러 사람이 함께 어울려 협동해서 놀이하는 특징이 있습니다. 프로젝트 유치원에서 아이들이 극놀이하는 모습을 보았는데요, 그러한 모습 가운데, 성숙한 놀이의 특징들이 잘 드러났습니다."

— 박은정 교사

성숙한 놀이가 이루어지는 교실에서는 몇 날 며칠씩 같은 놀이를 한다. 마찬가지로 프로젝트 놀이반에서도 같은 놀이가 반복됐다. 한편으로는 새로운 놀이를 해도 모자랄 판에 같은 놀이를 반복한다는 게 의아스럽게 느껴지지만, 막상 대해보면 그렇지 않다. 오늘의 놀이는 어제의 놀이와 다르다. 이야기가 풍부해지면서 자꾸 새로운 놀이로 확장되기 때문이다.

오늘은 진짜 연극 놀이를 하기 위해 소품을 준비하는 날이다. 소품을 준비하는 것은 물론 아이들의 몫이다. 연극 소품인 아궁이는 종이 블록으로 만들었다. 자신의 배역을 빨리 완성하고 싶은 아이들은 소품을 만드는 내내 집중하는 모습이다. 호랑이탈을 자르기도 하고, 휴지롤에 사인펜으로 그림을 그리는 등 주어진 환경 내에서 최대한으로 자신의 실력을 뽐내고 있다. 놀이를 하기 전까지는 이처럼 하나에 집중하고, 책임감 있게 행동하는 모습이 아이들 속에 있으리라고는 생각하지 못했다.

아이들은 대본을 쓸 때도 선생님이 글씨를 가르쳐주지 않아도 모르는 글자가 나오면 동화책을 찾아서 옮겨 썼다. 놀이가 되면 아이들은 스스로 배우고 적극적으로 나선다. 교사는 아이들의 놀이에 같이 참여하고, 아이들을 한 발짝 떨어져서 바라보고 도와주는 역할을 했을 뿐이다.

공연 당일. 〈호랑이와 팥죽 할멈〉 포스터가 곳곳에 붙었다. 제목과 호랑이 그림이 멋지게 들어간 개성 있는 포스터다. 가장 중요한 날짜와 시간도 빠뜨리지 않고 꼼꼼하게 적었다. 이어 테이블 밖으로 매표소도 설치했다. 여기서 나눠준 표를 받을 것이다. 매표소가 더러워지지 않도록 흰 천도 깔았다. 주 관객층인 동생들을 배려해 최대한 귀엽게 꾸미는 것도 잊지 않았다. 관객들이 헤매지 않도록 공연은 좌석 지정제로 정했다. 소품 담당인 가현이가 좌석표를 바닥에 순서대로 붙였다. 아이들은 또 이렇게 숫자와 만나는 경험을 했다.

그 사이 선생님과 두 친구가 초대장을 들고 1층으로 내려갔다. 제대로 연극을 홍보하기 위해서다. 원장실로 간 두 아이는 "원장 선생님 연극 보러 오세요", "매표소에서 표를 끊은 다음에 들어오시면 돼요" 하고 필요한 말을 한 다음, 마지막 인사도 깍듯이 하고 초대장을 드렸다. 그 새 아이들은 초대의 언어도 배웠다.

매표소 안내를 맡은 유진이도 연극 시작을 앞두고 바쁘기는 마찬가지다. 매표소에서 표를 끊고 입장하는 동생들을 안내하면서 지켜야 할 규칙을 일러둔다. 한 편의 연극을 올리기 위해 얼마나 많은 수고가 필요한지 아이들은 몸과 마음으로 직접 부딪혀 깨닫는다. 드디어 막이 오르고 아이들은 자신의 역할에 흠뻑 몰입하였다.

성공적으로 연극이 끝난 후, 관중에게 인사를 하는 아이들의 표정에는 자랑스러움이 묻어난다. 이 순간을 기념하기 위해 다함께 기념사진도 한 방 찍는다. 이 모든 것을 아이들은 놀면서 배웠다. 놀면서 자란 아이들은 스스로 인지와 정서를 조절하고 사회 속의 역할을 능동적으로 해내는 즐거움을 깨닫는다.

아이들에게 지금 필요한 것은

일찌감치 노르웨이에서는 아이를 잘 돌보지 않고서는 좋은 교육이 이루어질 수 없다는 데 뜻을 모으고 '유치원 개혁'을 내세우면서 놀이를 교육의 핵심 과제로 삼았다. 유치원에서 가장 많이 할애하는 시간은 자

아이들은 극놀이를 통해 성장의 경험을 했다.
연극이 끝난 후 아이들의 내면은 더욱 깊어졌다.

유 시간과 놀이다. 교육과 양육이 함께 이루어진다는 뜻에서 이 시스템을 돌봄Educare 교육이라고 부른다. 유치원 아이들은 자유롭게, 놀이를 할지 아니면 공부를 할지 스스로 결정하고, 선생님은 그 옆에서 놀이를 학습으로 활용한다.

그러다 보니 한국 엄마들이 보기에는 좀 심하지 않나 싶을 정도로 노르웨이 아이들은 하루 종일 논다. 그런데 눈여겨볼 것은 노는 만큼 배운다는 것이다. 아이들은 자유 놀이를 스스로 정하고 교사들은 아이의 놀이에 참여하며 소통한다. 함께 어울려 놀며 그것을 교육의 기회로 활용하는 것이다. 이러한 놀이와 학습이 조화를 이루면서 아이들은 즐거움과 동시에 자기 스스로 행복을 만들어간다는 책임감도 스스로 느낀다. 물론 네다섯 살이 되면 짧은 수업도 하지만, 그 내용은 우리나라 유치원에서의 전문적인 영어, 수학 수업과는 사뭇 다르다. 우리나라에서는 아이가 커갈수록 더 많은 걸 배워야 한다는 생각에 공부 시간 양도 끔찍하게 늘어나지만, 노르웨이에서는 큰 아이일수록 더 자유롭게 놔두고 시간을 어떻게 활용할지 스스로 결정하게 한다.

과연 어떤 차이가 있을까? 모든 학생들이 우등생을 꿈꾸는 대한민국의 학생들은 국제 학업성취도 평가PISA 순위에서 최상위를 차지하지만 자신의 삶이 행복하다고 생각하지는 않는다. 삶의 만족도나 행복 순위에서는 거의 꼴찌에 가깝다. 학생들의 행복한 삶이 최우선이라는 노르웨이는 오히려 그 반대다.

"질적으로 풍부하게 짜인 초기 아동 교육은 아이와 가족뿐 아니라 사회를 위해서도 매우 중요하다"는 엘리자벳 달레Elisabat Dahle 노르웨이 교육부 차관의 말처럼, 인류의 행복과 안전한 삶을 위해서도 아동기를 잘 보내도록 배려하고 발달하도록 지원하는 것은 참으로 중요한 일이다.

그렇다면 아이가 아이답게 잘 자라도록 키우는 방법은 무엇일까? 우선 아이가 놀이할 수 있는 여유가 있어야 한다. 완전히 놀도록 내버려두는 방치와는 의미가 다르다. 과거보다 훨씬 많이 줄어든 놀이 시간을 충분히 돌려달라는 의미다. 학습에 집중하라고 분 단위로 스케줄을 쪼개기보다는 한 시간 혹은 그 이상 방해받지 않고 놀이에만 몰두할 수 있는 시간을 아이에게 되돌려주어야 한다. 아이가 커갈수록 지속적인 놀이 시간도 더 많이 주어야 한다. 스티븐 바넷 교수는 일곱 살 아이에게는 놀이 시간이 적어도 한 시간, 또는 그 이상이 되어야 한다고 강조한다. 불가피하게 놀이 시간을 이르게 끝냈다면 다시 놀 수 있는 기회를 더 많이 주어야 한다. 낮 동안, 혹은 며칠 동안 놀이 시간을 여러 번 줘야 한다.

그러기 위해서는 어른과 사회의 배려가 중요하다. 그래야 아이들이 학습하는 법을 배울 수 있기 때문이다. 조금만 조급함을 버리면 부모가 아이의 계획표를 일일이 짜는 엄청난 노력을 기울이지 않아도 아이는 스스로 성장하는 기적을 이룬다. 아이에게도 여백이 필요한 것이다. 그 여백을 활용하는 가장 효과적인 도구가 놀이다. 부모의 지시로 움직이는 배움이 아니라 자발적으로 움직이고 계획하는 놀이. 즐거움과 함께 그에 따르는 배움의 가치는 삶의 근본적인 에너지가 된다. 아이는 놀이를 통해 사회 속의 다양한 역할을 인지하고 자신의 역할에 대해서도 이해하기 시작한다. 스스로 판단하고 배움을 익히면서 가능성은 확장시키고 사회적 규칙을 수행해 나간다. 세상은 혼자 살아가는 것이 아니라는 것을 깨닫고 자기중심의 생각에서도 벗어날 수 있다. 이것은 곧 아이의 자기조절력과도 연결된다. 놀이를 하면서 상황에 맞춰 자신의 감정을 통제하면서 감성과 이성이 적절하게 조화를 이루는 아이로 성장하는 것이다.

아동심리학자 피아제Piaget와 쌍벽을 이루는 소련의 심리학자 비고츠키는 놀이를 아이들에게 주어진 새로운 가능성의 확장이라고 정의한다.

"아이들은 다른 때보다 놀이를 할 때 더 성숙하게 행동할 수 있습니다. 따라서 놀이는 아이들이 평상시에는 갖추지 못한 능력을 펼쳐볼 기회가 됩니다. 자신을 뛰어넘어 한 단계 성장하도록 아이들을 이끄는 발판인 것이죠."

30년 후 내 아이는

2차 세계대전이 끝난 직후, 밀리안코라는 학자가 의미 있는 실험을 했다. 아이들을 모아놓고 가만히 서 있도록 한 후 조건에 따라 기억하도록 하는 실험이다. 실험에 참가한 아이들에게는 놀이를 하면서 실험자가 준 목록을 외우도록 했다. 세 가지 조건을 내거는 것도 잊지 않았다. 첫째, 실험자의 지시에 따를 것. 둘째, 목록에 나온 대로 무언가 역할을 맡아 연기할 것. 셋째, 놀이를 하면서 나무 그루터기를 지키되 어떤 역할을 맡았다고 상상할 것.

실험에 참가한 아이들은 연령에 따라 각각 3살, 5살, 7살 집단으로 나누었다. 과연 그 결과는 어땠을까? 3살 아이들은 놀이를 할 때도, 하지 않을 때도 가만히 서 있지를 못했다. 반면 7살짜리 아이들은 어떤 상황에서건 가만히 있었다. 7살이면 이미 자기조절능력과 실행기능을 갖추고 있어서 집중할 수 있다는 걸 보여주는 결과다. 5살짜리 아이들은 놀이를 할 때 그렇지 않을 때보다 3배나 더 오래 버텼고, 다른 아이들과 놀게 했더니 그보다 더 오랫동안 가만히 있었다.

러시아에서도 아이들을 대상으로 쇼핑 목록에 있는 단어를 기억하는 실험을 했더니 '놀이를 할 때 기억력이 3배나 더 높다'는 연구 결과가 나왔다.

이처럼 수많은 연구 결과들은 놀이가 아이들의 자기조절능력을 키워 많은 정보를 기억하고, 집중할 수 있다는 것을 증명한다. 인지적 유연성도 기를 수 있어서 어려운 상황에 마주했을 때 정신적으로 더 많은 노력을 쏟아부으려고 끊임없이 자신을 변화시킨다.

오늘날 사람들은 평생 8~10개의 일자리를 갖는다고 한다. 유치원 아이들에게는 아주 먼 미래의 이야기처럼 들리지만 이것은 아직 결정되지 않은 일자리에 유연하게 대처하고 변화할 수 있다는 의미를 갖고 있다. 세상이 빠르게 변할수록 고정적인 사고에 갇혀 있는 사람보다 탄력적으로 세상을 이해하고 교감할 수 있는 사람이 행복한 삶을 영위할 수 있을 것이다.

부모들은 대부분 우리 아이가 세계적인 혁신의 아이콘인 스티브 잡스처럼 되길 바란다. 그의 창의성은 매우 특별한 재능이 되어 수많은 사람들을 감동시켰다. 하지만 창의적인 혁신은 한순간에 길러지는 게 아니다. 주도적으로 스스로 생각하고 문제를 해결하는 과정들이 모이고 쌓였을 때 남들이 상상하지 못한 새로운 방식으로 생각하고 혁신할 수 있다.

"놀이가 왜 필요할까요? 아이들이 놀이를 하고 개도 놀이를 하고 심지어 물고기도 놀이를 합니다. 우리가 창조해낸 세상에 있는 다양한 어린 생물들이 놀이를 합니다. 그 속에는 자연의 진리가 있죠. 우리의 생존에 기여를 하고 있다는 말입니다. 놀이는 우리가 가진 모든 역량을 종합해 새로운 것을 만들어내는 토대일지도 모릅니다."

데브라 제인 리옹 교수의 말처럼 생물학적으로 어린 동물들은 모두 놀이를 한다. 놀이는 누구에게 배워서가 아니라 우리 DNA에 각인된다. 아이들은 놀이를 통해 인생이 어떻게 펼쳐지는지, 세상이 어떻게 돌아가는지를 깨우친다.

잘 노는 아이들의 눈을 들여다보라. 잘 노는 아이가 세상을 바라보는 눈빛은 늘 반짝인다. 보고 듣고 느낀 것들은 놀이 속에서 되살아나 배움의 기쁨이 된다. 배움은 평생의 과정이며, 그 배움의 시작은 놀이에서부터 이루어진다.

Bonus Tip

오늘은 어떤 놀이를 해볼까
– 아이와 놀고 싶어도 어떻게 놀아야 하는지 모르는 부모를 위한 팁

　아이와 함께 놀이를 하려고 해도 막상 아이와 뭘 하면서 놀아야 하는지 고민인 부모들이 많다. 고민 없이 놀이 동산이나 테마 파크에 데려가 아이가 노는 것을 지켜보고 만족하는 부모가 있는가 하면, 아이에게 텔레비전이나 동영상을 반복적으로 자꾸 틀어주는 부모도 있다.

　스위스의 아동심리학자이자 교육학자인 피아제는 아이들은 놀이를 통해 지능을 개발한다고 했다. 상상 놀이를 통해 자기조절력이 발달해 지적으로 성장하고 창의력을 키운다. 스스로 규칙을 만들고 그 규칙을 지키기 위해 본능적인 욕구를 참는 것이다. 누가 시켜서 하는 게 아니라 자발적으로 하기 때문에 산만한 아이도 놀이할 때만큼은 최고의 집중력을 발휘하고, 놀이를 통해 스스로 배우기 때문에 선생님이나 부모로부터 습득한 학습보다 뛰어난 기억력을 유지한다.

　놀이는 잘 '놀아주는' 게 아니라 함께 '노는' 것이라는 점을 이해하기만 해도 절반의 성공이다. 교구나 놀이 기구를 사용하지 않고도 아이와 즐겁게 놀 수 있는 몇 가지 방법을 소개한다.

신체 발달에 도움이 되는 아빠 놀이

요즘 아빠와 엄마의 놀이 역할이 다르다는 점이 알려지면서 아빠 놀이의 중요성이 떠오르고 있다. 엄마는 동화책, 동요 등으로 아이의 정서 발달에 도움이 되고, 아빠는 엄마와는 다르게 몸을 부대끼는 놀이로 아이의 공격성을 발산시키고 성취감이나 사회성 향상에 도움이 된다는 분석도 있다. 하지만 대다수의 아빠는 아이와 같이 있는 시간이 부족하다 보니 놀 여유가 없다고 호소한다. 그런 아빠들을 위한 하루 15분으로 충분한 놀이가 있다.

이렇게 해보세요!

이불 평균대
이불을 둘둘 말아 평균대를 만든 다음, 아이가 그 위를 지나가게 한다. 아빠는 아이 손을 잡고 아이가 균형 감각을 잃고 떨어지지 않도록 조심조심 걸어다니는지 눈여겨보면 된다.

이불 김밥
바닥에 깐 이불에 아이가 팔과 다리를 쭉 펴서 눕는다. 아빠는 옆에 앉아 이불에 아이 몸을 돌돌 굴려 만다. 김밥처럼 둘둘 말린 이불을 들고 다니며 "이불 김밥 사세요" 하고 팔러 다닌다. 마지막에는 김밥을 쓱쓱 써는 시늉을 하면서 아이를 풀어준다. 반대로 아빠가 이불 위에 눕고 아이가 담요를 이용해 아빠 몸을 굴릴 수도 있다. 이불이 얇으면 아이가 다칠 수 있으므로 바닥에 푹신한 매트를 깔아 다치지 않도록 주의하자.

이불 자동차
아이를 이불에 앉게 하고, 아빠는 이불의 한 귀퉁이를 잡고 이 방 저 방을 끌고 다닌다. 아이가 서 있는 채로 이불을 당겨도 재미있다. 급히 서두르면 넘어지거나 다칠 수 있으므로 아주 천천히 끌어야 한다.

-부분 출처, 전은주의 『초간단 생활놀이』

감각 발달에 도움이 되는 생활 간단 놀이

아이들은 놀면서 입에 놀이 도구를 집어넣고, 만지고, 냄새를 맡으면서 오감을 총동원한다. 많은 부모들이 비싼 장난감을 사서 아이에게 안겨주면 된다고 생각하지만, 집에 있는 간단한 소도구를 놀잇감으로 이용해 신나게 놀이를 즐길 수 있다.

이렇게 해보세요!
밀가루 놀이

밀가루 놀이는 놀 때는 신이 나지만, 치우는 일이 번거로울 수 있으므로 거실이나 널찍한 공간에 커다란 비닐이나 두꺼운 종이를 깔아 준비한 다음 그 위에 밀가루를 붓는다. 그리고 아이가 밀가루의 부드러운 감촉을 느끼고 냄새도 맡고 위에서 뿌리며 자유자재로 스스로 놀 수 있도록 충분히 기다려준다. 만약 아이가 머뭇거리거나 어떻게 노는지 모르겠다고 하면 밀가루를 아이 다리나 손에 살짝 묻혀주어도 좋다. 시간이 지나면 아이도 밀가루로 그림을 그리고, 자기 얼굴에도 묻히고, 장난감을 밀가루에 숨기거나 찍어내는 등 상상력을 발휘해 다양하게 논다. 충분히 즐기고 나면 다음에는 밀가루를 반죽해 점토처럼 만들어 아이가 다양한 모양을 만들도록 유도한다. 원, 네모, 세모의 도형은 물론 동물, 꽃, 음식, 자동차 등 다양한 모형을 만들 수 있다. 마찬가지로 아이가 흥미를 보이지 않으면 엄마가 먼저 점토를 길게 밀어 원 모양을 만들거나 얼굴 모양을 만들어 즐겁게 놀면 아이도 관심을 보인다.

신문지 놀이

신문지는 여러모로 활용도가 높다. 구기면 둥그런 공이 되고, 펴면 네모가 되고, 찢으면 비나 눈이 된다. 찢는 방법도 여러 가지다. 길게 쫙쫙 찢어도 좋고 조각조각 눈송이처럼 잘게 찢어도 좋다.

처음에는 아이에게 신문을 맡겨보자. 신문지를 만지고 냄새 맡고 들추고 찢던 아이는 시간이 지나면 스스로 다른 놀이를 만든다. 신문지를 허리에 둘러 앞치마도 만들고, 찢어진 틈 사이로 엄마 얼굴이 나타났다 없어지는 걸 보며 까르르 웃기도 한다.

찢은 신문지는 모아서 돌돌 말아 테이프로 붙이면 그럴 듯한 공이 된다. 조그마한 공을 엄마나 아빠와 던지고 받으며 공놀이를 해보자. 공을 여러 개 만들어 빈 박스에 집어넣는 놀이도 좋다. 신문지 공은 던져도 소리가 나지 않아 이웃에 소음 공해를 일으키지는 않을까 걱정하지 않아도 된다.

사회성 발달을 위한 역할 놀이

역할 놀이는 가상의 역할을 수행하는 놀이로, 이를 통해 언어구사능력이 좋아지고, 상대를 배려하는 사회성 발달에도 도움이 되는 것으로 알려져 있다. 역할 놀이의 종류는 다양하다. 병원 놀이, 학교선생님 놀이, 소방관 놀이, 엄마 놀이, 가게 놀이, 병원 놀이, 식당 놀이, 소꿉놀이 등 아이가 좋아하는 놀이를 선택하게 한다. 역할 놀이를 하기 전에 먼저 놀이에 참가하는 사람들은 역할을 맡아야 한다.

이렇게 해보세요!

가게 놀이

아이가 가게 주인, 엄마가 손님 식으로 역할을 정한 다음, 각자의 역할에 필요한 말을 생각해본다. 주의할 점은 아이가 혼자 가게 놀이를 하더라도 아이 역할에 맞는 적절한 말을 해야 하는 것이다. 예를 들어 "엄마도 같이 할까?"보다는 "가게 주인 아저씨, 지금 뭐하세요?"와 같이 자연스럽게 역할에 몰두할 수 있도록 배려하는 편이 좋다. 역할 놀이를 하다 말문이 막히거나 어떤 말을 해야 할지 잘 모른다면 충분히 생각할 수 있도록 시간을 준 다음, "어서 오세요"와 같이 아이가 해야 할 말을 엄마가 먼저 하고 아이가 따라오게 한다. 역할 놀이를 반복하면 처음에 낯설어하던 아이도 그 상황에 익숙해져 역할 놀이에 적절한 상호작용을 스스로 할 수 있게 된다.

인성 발달에 도움이 되는 자연 체험 놀이

제한된 공간인 교실에서 벗어나 즐기는 자연은 모든 게 놀잇감이다. 나무를 타고 숨바꼭질을 하며 아주 자유롭게 사고하고, 식물이나 동물 등 자연의 모든 것을 관찰하며 자신만의 새로운 놀이를 창조할 수 있다는 장점이 있다. 자연이 내뿜는 피톤치트의 영향으로 정서적으로 안정되고 불안이나 스트레스를 없애는 데 효과가 있다.

이렇게 해보세요!

무궁화꽃이 피었습니…닭

'무궁화 꽃이 피었습니…닭!' 놀이는 부모가 어렸을 때 자주 하고 놀던 '무궁화 꽃이 피었습니다'를 자연 체험에 응용한 놀이다. 가족끼리 소규모로 해도 좋고, 인원이 많아도 상관 없다. 술래가 '무궁화 꽃이 피었습니다'를 외치고. 나머지 사람들은 술래의 외침이 끝나면 동작을 멈추는 놀이 규칙은 비슷하다. 대신 술래는 마지막 글자 '다' 대신 다른 동물이나 식물 이름을 넣을 수 있다. 그리고 나머지 사람들은 움직일 수 있는 동물로 끝나면 동물 흉내를 낼 수 있지만 식물과 같이 움직일 수 없는 것에는 동작을 멈춰야 한다. 예를 들어 "무궁화 꽃이 피었습니…닭!" 하면 나머지 사람들은 닭 흉내를 내면서 움직여야 하지만, "무궁화 꽃이 피었습니… 참나무" 하면 움직일 수 없다.

– 부분 출처, 남효창의 『얘들아, 숲에서 놀자』

정치 교실은 사회의 작은 축소판이었다.
정치 교실을 통해 아이들이 보여준 경청과 설득, 대화와 타협,
문제를 해결하는 능력, 그리고 자신의 의견을 끌어갈 수 있는 리더십에서
사회 속에 놓인 우리들의 모습이 있었다. 인간은 혼자 살아갈 수 없다.
그리고 사회적 관계 속에서 자신의 목적과 즐거움을 실현한다.

PART 3

정치 교실, 그 속에서 배우는 사회성

자신을 세우고 더불어 살아가기

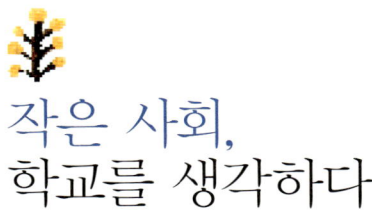
작은 사회,
학교를 생각하다

정치, 세상을 읽는 이야기

　오늘날보다 문명이 발달하지 않았던 농경 시대에는 비는 신의 대접을 받았다. 비는 농작물을 풍요롭게 만드는 자연의 최대 선물이었다. 백성들 또한 비에 최대한의 존중을 담았다. 비가 오면 '비님'이 오신다고 기뻐했고, 땅이 가물면 기우제를 지내 비님이 오시기를 간절히 빌었다. 비님이 오시지 않는다는 건 그해 농사를 망치고 배곯을 일을 걱정해야 한다는 의미였다. 가뭄이 계속되고 기우제를 지내도 비님이 내릴 기미가 보이지 않을 즈음이면 백성의 분노는 왕에게로 향했다. 가뭄으로 성난 백성에게는 폭군도, 성군도 없었다. 돌아선 민심이 반란을 일으켜 왕조를 바꾸는 일도 심심치 않게 일어났다.

최대 권력자인 왕에게 민심은 왕위를 위협하는 유일한 공포였다. 그리고 민심은 가뭄에 민감했다. 그런 까닭에 왕에게 가뭄은 엄청난 근심거리였다. 사람 손으로 해결할 수 없는 노릇이라 더더욱 그랬다. 선정을 베풀어 백성에게 존경을 받았던 세종 임금도 하늘 앞에서는 다른 왕들과 다를 게 없었다. 비가 오지 않으면 궁궐에 움막을 지어 거기서 먹고 자며 오로지 비를 기원했다.

해가 바뀌고 강산이 수십 번 변했다. 왕조 정치는 역사 속으로 사라지고, 사람들은 제 손으로 대통령을 뽑았다. 국민은 원하는 대통령을 투표로 뽑는다. 임금처럼 종신 고용제가 아닌, 5년의 임기로 제한되어 있지만 민심이 곧 천심이라는 기본 정치 철학은 변하지 않았다.

18세기 영국은 '해가 지지 않는 나라'였다. 수많은 나라들이 영국령이었다. 밤이 되어도 반대편 영국의 식민지에서는 해가 떴다. 영국은 식민지에 막대한 영향력을 행사하며 노예무역으로 막대한 부를 쌓았다. 물건처럼 사람을 사는 노예무역은 최고의 돈벌이 수단이었다. 여기에 국회의원 윌버포스William Wilberforce가 제동을 걸었다. 그는 야만적인 노예무역은 없애야 한다고 주장했다. 쉽지 않은 일이었다. 동료 국회의원들도 윌버포스를 외면했다. '흑인은 백인과 씨앗이 다르다', '노예무역이 폐지되면 돈줄도 끊긴다'며 노예무역 폐지를 반대했다. 그로부터 40여 년이 걸려서야 노예무역 폐지 법안이 통과될 수 있었다. 윌버포스가 거의 평생을 바쳐 노력한 덕이었다.

그로부터 100여 년이 지났다. 미국에서도 심한 인종 차별이 도마 위에 올랐다. 심지어 버스를 탈 때에도 백인과 흑인이 앉는 자리가 따로 있었다. 그나마 버스가 사람들로 북적이면 흑인은 백인에게 자리를 양보해야만 했다. 그게 정해진 법이었다. 어느 날, 버스를 탔던 흑인 여성이 버스 운전사의 신고로 경찰에 끌려갔다. 몇 번의 경고에도 불구하고 백인 전용 자리에 앉았다는 게 그 이유였다. 그 흑인 여성의 이름은 로저 파크스. 로저 파크스는 일을 끝내고 고단해진 몸으로 자리에 앉는데 백인, 흑인이 어딨느냐고 했다. 백인 전용 좌석을 감히 흑인 여성이 더럽혔다는 비아냥이 돌아왔다. 소식은 미국 전역에 퍼지고, 흑인 여성이 당한 부당한 차별에 항의해 30만여 명의 시민들이 대규모 시위를 벌였다. 20대의 젊은 마틴 루터 킹 목사를 포함한 지도자층은 '버스 안 타기' 운동을 제안했다. 사람들은 가까운 거리는 걷고, 먼 거리는 자동차를 나눠 탔다. 텅 빈 시내버스가 거리를 달렸다. 1956년 미 연방 법원은 흑백으로 분리한 버스 탑승 제도는 위헌이라는 판결을 내렸다.

또 그로부터 수십 년의 시간이 흘렀다. 역사는 기나긴 시간을 거치며 뿌리 깊게 내려왔다. 2008년 미국 대통령 선거에서는 민주당 오바마 대통령이 당선됐다. 미 역사 이래 첫 흑인 대통령이었다. 링컨의 노예해방 선언부터 시작해 윌버포스의 노예무역 폐지 운동, 로저 파크스가 도화선이 된 흑인 인권 운동이 든든한 뿌리가 되어줬기 때문에 가능했다.

어느 시대건 정치는 강력한 권력의 상징이었다. 사람이 무리를 이루면 자연히 지도자가 나왔고, 지도자는 효율적인 통치를 위해 무리에 맞는 규칙을 세웠다. 무리 안에서 갈등은 필연적이었고, 대화와 타협으로 갈등을 해소하는 것을 사람들은 정치라고 불렀다.

인류 탄생만큼이나 정치의 역사도 오래됐지만 정치는 아직까지도 어려운 이야기다. 술자리에서 안주 삼아 이야기해도 나와는 거리가 있다고 생각한다. 모든 사회구성원이 서로의 생각을 공유하고, 갈등을 해

우리에게 정치란 어떤 의미일까?

결하는 모든 과정을 정치라고 부른다. 회사에서 노사 간의 갈등을 푸는 것도 정치이며, 가정에서 부모와 자녀의 갈등을 푸는 것도, 친구들의 싸움을 화해시키는 모든 과정이 정치이다.

결국 '자신의 모든 생활이 결과적으로 정치에 의해서 결정된다'는 사실을 이해하는 데서부터 정치는 시작된다. 돌아보면 아주 거창한 의미가 아니라도 우리 생활은 정치와 떼어놓을 수 없고 우리 생활에서 정치 아닌 것은 없다.

정치하는 아이, 정치하는 교실

『우리들의 일그러진 영웅』은 초등학교 교실의 정치와 권력 관계를 적나라하게 보여주는 소설이다. 서울에서 전학 온 한병태는 학급 반장 엄석대의 독재에 저항해보지만 집단의 따돌림을 견디지 못하고 굴복하고 만다. 갓 전학 온 한병태의 눈에 엄석대의 행동은 독재였지만 '힘은 옳다'는 왜곡된 논리에 길들여진 반 아이들은 저항감이 없었다.

힘이 곧 권력이 되는 현실은 어른 정치에서뿐 아니라 교육의 터전인 학교에서도 어렵지 않게 찾아볼 수 있다. 올해 중학생 한 명이 아파트 10층에서 뛰어내려 자살한 가슴 아픈 일이 있었다. 갓 중학생이 된 열세 살 어린 학생의 유서에는 "친구들 때문에 많이 운다", "적응하기 힘들다", "소외당하는 느낌으로 괴롭다"와 같은 글들이 적혀 있었다. 왕따와 학교 폭력으로 평소에도 친구들에게 "죽고 싶다"는 말을 자주 했다고 한다. 자살의 징후가 있었는데도 아무도 이 학생의 죽음을 막는 데

도움이 되지 못했다는 점에서 더욱 안타까웠던 희생이었다.

갈수록 학교 폭력과 왕따는 심각한 사회 현상이 되고 있고, 조용해지는가 싶으면 해마다 다시 학교 폭력으로 자살하는 학생이 늘어나는 이유는 무엇일까? 학교에서 공부와 힘은 학생들 사이에서 강력한 권력을 갖는다. 공부를 잘하거나 힘이 있으면 반에서도 상하 관계와 서열이 생긴다. 힘이 약한 친구들은 피해자가 되고, 힘 있는 일진은 가해자가 된다. 학교 폭력이 사회의 축소판이 되어 어른들의 정치 권력 싸움을 그대로 따라한다.

그럼에도 어른들은 아이들에게 정치를 가르치는 걸 금기시한다. 편파적인 시각을 기를 수 있다고도 하고 온갖 비리의 온상인 정치를 일찍부터 배울 필요가 있느냐고 말한다. 정치를 일찌감치 경험하는 걸 '진흙탕'에 비유하며 걱정을 하는 사람들이 많다. 하지만 진흙탕 속에서 연꽃이 피는 법. 이런 과정을 경험해야 아이들도 충분히 거친 사회를 감당하며 정치를 알게 되지 않을까?

"정치는 보편적입니다. 인간이 존재하는 모든 영역이 정치 관계 영역이죠. 학교라 해서 예외는 아니고, 친구들 관계라 해서 논외가 될 수 없습니다. 오히려 이러한 단순한 관계일수록 정치 권력 관계가 더 적나라하게 드러나는 경우가 많습니다. 어른들처럼 정치 권력 관계를 멋있게 포장하는 포장술이 부족하기 때문이죠."

– 고성국 박사 (정치 평론가)

책으로 배우는 정치

우리가 교실에서 경험하는 정치 교육은 현실과는 좀 다르다. 대부분의 학교에서 정치 교육의 기본 수업으로 어린이 회의를 진행한다. 부모 세대에도 있었던 어린이 회의는 수십 년이 지난 지금, 어떻게 달라져 있을까? 결론부터 말하자면, 예나 지금이나 변함이 없다.

서울 한 초등학교 어린이 회의

"국기에 대하여 경례!"
언제나와 같이 반 아이들 모두, 자리에서 일어나 태극기를 향해 오른손을 가슴에 얹고 잠시 묵념을 했다. 묵념이 끝나자 바로 애국가

제창이 이어진다. 이제부터 반장의 주재하에 본격적으로 회의가 시작될 것이다.

"다음에는 금주 생활 반성이 있겠습니다."

금주의 생활 목표는 '부모님께 감사하는 마음을 갖자', 실천사항은 '어버이날에 부모님을 도와드리자'와 '평소 자신이 할 수 있는 일을 하자'였다. 잘 지키지 못했다는 의견이 주를 이룬 가운데 내주 생활 목표가 정해졌다. 다가오는 스승의 날을 겨냥해 '선생님께 감사하는 마음을 갖자.' 생활 목표는 학급 회의가 아니라 전교 어린이 회의에서 결정한다. 정해진 생활 목표를 어떻게 실천할 것인지를 정하는 게 어린이 회의를 여는 주된 목적이다.

몇몇의 아이들이 손을 들고 발표하지만 아이들의 호응이 썩 좋지는 않다. '선생님이 말씀하실 때 딴짓하지 말자', '한 시간이라도 스승의 날에 재미있는 활동을 하자'와 같은 의견이 나왔다. 몇 가지 의견으로 ○× 투표를 한 결과, '선생님과 함께 시간을 갖자'와 '선생님께 혼나지 말자'가 실천사항으로 결정됐다. 반 아이들은 한 주 동안 정해진 실천사항을 지켜야 한다. 서기가 이번 주 회의 결과를 낭독하고 나서 마지막으로 교가를 합창한 뒤 회의도 끝났다.

일주일에 한 번씩 열리는 어린이 회의는 한 주간의 목표를 제대로 실천했는지 상기하고 반성하는 시간이다. 정해진 식순에 따라 의례적으로 하는 정치 회의를 아이들이 경험하는 정치의 전부라고 한다면, 아이들에게 정치는 식상하고 지루하기만 한 의식으로 여겨질지도 모른다. 어린이 회의가 시작되었지만 아이들은 지루하다는 표정이 역력하다. 아마도 이렇게 굳어버린 정치 교육이 아이 때부터 정치를 어렵게 만든 건 아닌지 생각해볼 일이다.

과연 정치란 무엇일까? 아니, 좋은 정치란 무엇일까? 초등학교에서는 6학년 1학기 사회 교과서에서 정치를 이렇게 정의한다.

• 정치
국민들이 인간다운 삶을 영위하게 하고 상호 간의 이해를 조정하며, 사회 질서를 바로잡는 따위의 역할.

책으로 배우는 정치는 몹시 어렵다. 용어 자체가 낯설다. 정치를 포함해 민주주의, 정당, 선거, 의무, 권리, 복지 등 개념부터도 친숙하지 않지만 뭐라고 한마디로 잘라 설명하기는 더욱 어렵다. 그렇다면 글공부가 아니라 몸으로 느끼는 정치를 해보면 어떨까?

정치 교육 프로젝트의 시작

제작진이 서울에 있는 행현초등학교를 찾았다. 2005년 9월에 개교한 행현초등학교는 2012년에 혁신학교로 지정되었다. 공교육의 획일적인 교육 과정에서 벗어나, 좀 더 창의적이고, 주도적인 학습 능력을 키우는 데 주력하는 학교로 주목받고 있다.

이 학교의 6학년 1반 학생들과 지금부터 진짜 정치 이야기를 해보려 한다. 아이들의 역동적인 정치 활동을 통해 모두가 함께하는 '행복한 정치'란 무엇인지 보여줄 것이다.

그 전에 선결 과제가 있다. '정치 교실 프로그램을 진행하는 데 찬성하느냐?'는 아주 기본적인 문제다. 무엇보다 자발적인 참여가 중요하기 때문이다. 촬영을 위한 수업이 아닌, 아이들의 의견에 귀 기울여 정치 수업을 시작하기 위해 반 전체의 의견을 알아보기로 했다.

십대 교육에 관심이 많은 정치 평론가 고성국 박사가 멘토로 투입됐다.

"궁금한 게 있어. 여러분들이 진짜로 이런 식의 수업을 원하는지 알고 싶어."

촬영에 대한 생각을 묻는 말이다. 누군가가 정해준 대로 따르는 게 아니라 정치 교실을 진행하는 것에 대한 고유의 생각을 듣고 싶다는 말이다. 수업 시간표가 정해져 있듯이, 그저 해야만 하는 일로 알고 있던 아이들은 고성국 박사의 뜻밖의 제안에 눈이 휘둥그레지며 웃었다. 책상을 뒤로 밀고 교실 한가운데에는 청 테이프를 길게 붙여 선을 만들었다. 한쪽에는 프로그램을 찬성하는 아이들이, 다른 쪽에는 반대, 또는 그것과는 생각이 다른 아이들이 나누어 앉았다. 정치 교실 하면 떠오르는 무거운 이미지에 긴장되어 있던 아이들은 재미있는 게임을 하는 기분이다.

반대하는 쪽에서 한 사람씩 먼저 손을 들고 왜 반대하는지 의견을 말하고, 마찬가지로 찬성하는 쪽에서 아이들이 하나씩 의견을 말했다. 아이들의 찬성과 반대 의견은 대략 이랬다.

반대 촬영을 하면서 이것이 미래에 도움된다는 보장도 없고 이것으로 대학을 잘 갈 수 있는 것도 아니기 때문입니다. 또 우리는 공부를 해야 할 나이이기 때문입니다.

찬성 이런 경험할 기회가 없기 때문에 한 번쯤은 해보면 좋겠어요.

반대 촬영 때문에 진도 시간을 채우지도 못하고 쉬는 시간에 짬 내서 해야 하니까요.

찬성 평범한 사람들은 해볼 수 없는 방송이기 때문에 저희는 꼭 해야 한다고 생각합니다.

반 전체의 의견을 알아보는 이런 경험은 아이들에게도 처음이다. 서로의 의견을 알고 그것을 이해하는 것에서부터 정치는 출발한다.

살아 있는 정치 의식과 민주시민으로서의 성장을 위한 정치 교육 프로젝트! 결국 아이들의 의견을 모아 정치 교실을 진행해보기로 했다. 대한민국 최초, 정치 교육 프로젝트! 아이들은 생생한 정치 활동을 통해 '정치의 중요한 가치와 의미'를 함께 고민해보게 될 것이다.

여기, 서른한 명 어린이들의 살아 있는 정치 수업이 막 시작됐다.

정치는 어른들만 하나요?
정치 교육 프로젝트

초딩, 정치판에 뛰어들다

다르지만 같다.

민주주의는 '다르지만 같다'는 데서 출발한다. 사람들은 다르다. 저마다 취미 생활도 다르고 성별도 다르고, 식성도 다르고, 사는 곳도 다르고 생각도 다르다. '다르다'를 전제로 공통의 길을 찾아가는 과정, 그것이 정치다. 그 과정에서 의견을 나누고 조율하는 토론 과정은 필수다. 리듬이 있고 다양한 멜로디로 노래가 완성되듯이, 다양성을 전제로 공통의 생각을 찾아가는 것이 민주주의다.

훗날 민주시민이 되어 온갖 중요하고도 실질적인 정치력을 행사하게 될 아이들에게 정치는 어떻게 비춰질까? 정치는 우리의 생활과 만날 때 가장 현실적으로 다가온다. 아이들에게 가장 피부에 와 닿는 정치 주제로 무엇이 좋을까? 학생들에게 생활의 중심은 학교일 것이다. 우리는 '행복한 학교 만들기'를 주제로 정하기로 했다.

아이들이 말하는 행복한 학교는 어떤 모습일까? 행현초등학교 6학년 1반 31명에게 '내가 생각하는 행복한 학교에 대해 써달라고 부탁했다.

내가 생각하는 행복한 학교는
- 모두가 웃는
- 원하는 수업을 다니며 마음껏 즐기고 놀 수 있는
- 체험 학습을 다양하게 많이 즐길 수 있는
- 운동장이 있는
- 연못에 물고기가 많고 연못이 큰
- 자유 시간을 조금이라도 갖는
- 체육을 많이 하는
- 축구장이 있는
- 학생 수가 많은
- 학교 폭력이 없는
- 시험을 안 보는

시험도 보지 않고 용돈도 주고 편하게 대학갈 수 있는 학교. 아직까지는 요원한 이야기지만 지금 아이들이 써내려간 학교가 가까운 미래에 생길지도 모른다. 차곡차곡 아이들의 의견이 쌓였다. 아이들이 적은 다양한 생각들을 비슷한 주제별로 한데 모으기로 했다. 브레인 라이팅 Brain Writing 방법이다. 모든 구성원이 아이디어를 글로 기록, 공유하는 방법으로, 자기주장을 말로 내세우기 어려워하는 사람들의 의견까지 놓치지 않고 취합할 수 있는 토론 기법이다.

한 아이가 나와 자신이 생각하는 행복한 학교를 발표하고 의견을 쓴 종이를 교실 바닥에 내려놓았다. 그다음 학생이 자기와 생각이 비슷하면 거기에 올려놓고, 다르면 그 옆에 둔다. 이렇게 이쪽 의견이 모이고, 저쪽 의견이 모이면 공통된 생각들을 모을 수 있다.

정당 만들기

아이들의 의견은 크게 '자유'와 '체육'으로 모아졌다. 가장 많은 의견을 차지한 건 '자유', 즉 하고 싶은 걸 마음껏 할 수 있는 학교였다. 그다음으로 나온 '체육'은 체육 활동을 더 많이 하고 싶다는 의견이었다.

표를 모아보니, 대체적으로 '자유' 또는 '체육'으로 분류할 수 있었다. 자유로운 학교 생활을 원하는 아이가 13명, 체육 활동을 원하는 아이가 12명, 그밖에 소수 의견이 6명으로 압축됐다.

혼자보다는 여럿이 함께하는 게 영향력이 더 크다. 자유는 자유끼리, 체육은 체육끼리, 생각이 비슷한 아이들이 모였다. '정당'을 만드는 것이다. 자유로운 학교 생활을 원하는 아이들이 만든 정당은 자유당, 체육 활동을 원하는 아이들이 만든 당은 체육당이 되었다. 그리고 소수 의견이 된 6명은 중립의 위치에서 언론과 선거관리위원회로 선거를 감시하는 역할을 할 예정이다.

정당을 만들었으니 이제 본격적인 정치 활동이 시작되었다.

그렇다면 정당은 무엇일까? 정당의 사전적 의미를 살펴보자.

• 정당 [명사]
: 정치적인 주장이 같은 사람들이 정치적 이상을 실현하기 위하여 조직한 단체

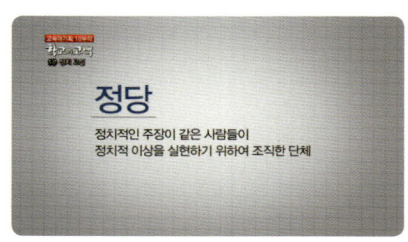

이제 자유당과 체육당은 서로의 정치적 이상을 실현하기 위해 의미 있는 활동을 실행해나갈 것이다.

초등학교의 정규 학교 수업 시간은 대개 40분 수업, 10분 쉬는 시간이 기본이다. 그러다 보니 마음껏 뛰어놀고 싶은 아이들에게 쉬는 시간은 너무 짧다. "새로운 활동을 많이 하고 싶고요", "쉬는 시간이 10분밖에 안 되니까 할 수 있는 시간이 상대적으로 적은 것 같아요"라는 아이들의 말처럼 놀이든, 하고 싶은 일이든 다른 것은 하지 못하고 교실에서 시간을 보내다 끝나기 일쑤다. 정해진 수업 시간에서 벗어나 학교 생활이 더욱 자유롭기를 바라는 '자유로운 학교 생활'이 가장 많은 의견을 차지했다는 게 수긍이 간다.

다음으로 의견이 많았던 '체육 활동'은 행현초등학교의 특수한 환경과도 관계가 있다. "우리 학교에는 운동장이 없어요", "밖에서도 못 놀

고 교실에만 있으니까 답답해요"라는 아이들의 설명처럼 이 초등학교에는 그럴싸한 운동장이 없다. 'ㄷ'자 모양의 학교 정문을 지나면 운동장이 있어야 할 자리에는 조그마한 화단과 꽃길이 있다. 그나마 학교 뒤편에 자그마한 운동장이 하나 있을 뿐, 아이들이 마음껏 뛰어놀 만한 공간이 없다.

이제 '자유로운 학교 생활'을 꿈꾸는 정당과 '체육 활동'을 꿈꾸는 정당이 만들어졌다. 다수의 사람 사이에는 다양한 주장과 의견이 존재하기 마련이다. 그 의견을 합일해가는 과정을 거치면서 우리는 집단을 형성하고, 각각의 주장을 관철하기 위해 부단히 노력한다. 어느 사회나 이러한 정당의 형태는 존재한다. 서로 다른 당론을 가진 두 정당은 어떤 방법으로 자신들의 정당을 꾸려나갈까?

설득하는 아이, 공감하는 아이

자신이 속한 정당이 힘을 가지려면 지지자들을 더 많이 모아야 한다. 자유당과 체육당이 가장 먼저 할 일은 공약 만들기. 좋은 공약을 만들어 중립에 있는 6명을 설득해서 자기 당으로 끌어오는 게 관건이다. 게다가 각 정당의 구성원 수가 비슷한 지금으로서는 중립에 있는 아이들은 승부를 결정하는 캐스팅 보트를 쥔 셈이 되었다. 물론 중립 위치에 있는 6명 말고도 체육당원이 자유당으로 옮기거나 반대로 자유당원이 체육당으로 정당을 옮길 수도 있다. 어느 쪽이건 자기 당으로 끌어오기 위해 가장 필요한 무기는 '설득'과 '명확한 전달'이다.

민주주의의 초석을 다진 그리스 아테네에서는 다른 사람을 설득하는 기술로 수사학레토릭이 유행했다. 소크라테스와 아리스토텔레스와 같이 수많은 문하생을 거느린 유명 철학자들은 제자들에게 말하는 방법을 먼저 가르쳤다. 말은 물리적인 폭력을 쓰지 않고 사람들을 내 편으로 끌어들이는 가장 민주적인 방법이다. 상대를 설득하는 가장 기본적인 방법은 다른 사람이 어떤 생각을 가지고 있는지 알아보는 것, 즉 경청이다.

각 정당에서 반대쪽을 잘 설득시킬 만한 대표 선수 세 명을 뽑았다. 세 명의 양쪽 대표들은 서로 당 지지를 호소하고, 상대측의 빈틈을 파고들어가 논쟁을 벌여야 한다. 나머지 아이들은 양쪽 대표들의 논쟁을 경청하면서 어느 당으로 갈 것인지 신중하게 판단할 것이다. 자유당과 체육당, 그들은 어떤 말로 다른 사람들을 설득할까?

자유당이 먼저 발언권을 얻었다. 자유당은 체육당의 허점부터 파고들었다.

자유당 : 체육은 체육 (수업)이라는 틀 안에서만 할 수 있기 때문에 체육 시간을 늘리면 자율성이 떨어진다고 생각됩니다.
체육당 : 그러면 체육 시간에 자율성이 부족하다고 하면 자율성이 있으면 공부하고 싶을 때는 공부를 하고 체육을 하고 싶을 땐 체육만 하고······.

당황했는지 체육당의 말이 꼬였다. 이러한 적절치 못한 반격이 아이들의 결정에 영향을 미칠까? 다시 자유당으로 발언권이 넘어왔다.

> **자유당** : 자유롭게 한다면 체육을 하고 싶을 때 체육을 할 수 있고, 다른 활동을 하고 싶으면 다른 활동도 할 수 있기 때문에 저는 자유롭게 학교에서 생활하는 게 좋다고 생각합니다. 체육당의 말대로 체육만 한다면 체육을 싫어하는 사람들에게 불편이 올 수 있습니다.

왜 자유당을 지지해야 하는지를 설득하는 동시에 체육당까지 공격했다. 효과적인 일석이조다. 드디어 토론의 시간이 끝나고 당을 바꿀 수 있는 기회가 왔다. 과연 짧은 토론의 결과는 어땠을까?

자유당 13 → 16명 / 체육당 12 → 5명 / 중립 6명 → 10명

역시 뻔한 승부였다. "자유!", "자유"를 연호하는 아이들의 목소리가 힘을 얻고, 체육당에 있던 몇몇 아이들이 자유당으로 이동했다. "배신자!"를 외치며 서운함을 보여도, 정당을 바꾼 아이들의 선택에는 주저함이 없어 보인다.

당 지지를 호소하는 토론을 지켜보는 아이들의 선택 기준은 무엇이었을까? "아까 토론할 때 체육당이 너무 버벅거렸거든요", "자유당으로 가면 체육보다 더 많은 것을 즐길 수 있을 것 같아서요", "자유당을 선택하면 체육도 할 수 있을 것 같아요"였다. 자유당은 주장을 명확하게 전달하고 상대 당의 허를 날카롭게 찔렀다. 학교가 자유로우면 체육도

...

설득과 공감을 오가며 아이들은 자신의 주장을 펼쳐나갔다.

자유롭게 할 수 있다는 논리가 그야말로 '먹힌' 것이다. 지금의 논리대로라면 굳이 체육당을 고집할 명분 또한 없지 않은가. 반면, 체육당은 제대로 반론하지 못하거나 반론을 미루고 머뭇거리는 모습을 보였다. 논리가 갖춰지지 않으면 설득은 결국 힘을 잃는 법. 체육당의 실수는 곧 탈당으로 이어졌다.

첫 번째 승부의 결과, 자유당은 3명의 친구들을 얻었고 체육당은 무려 7명을 잃었다. 13명이었던 자유당은 16명으로 늘어나고, 12명이었던 체육당은 5명으로 줄었다. 한데 두 당 모두를 포기하고 중립을 선언한 아이들도 적지 않다.

아이들이 자유당으로 쏠리자, 체육당 아이들은 일대 혼란에 빠졌다. 체육당원 5명이 머리를 맞대보지만, 지금의 결과만 봐서는 '포기'라는 말이 절로 나온다. 수적 열세에 빠진 지금부터는 체육당에게 아주 불리한 게임이 될 것이다. 은근슬쩍 이쯤에서 포기하는 게 어떻겠느냐고 마음을 떠보자 절대 포기는 없다며 큰소리를 친다. 하지만 말과는 다르게 표정이 밝지 않다. '5명밖에 없으니, 벌써부터 지는 싸움이 되지는 않을까?', '때려치우고 싶다'는 게 진짜 속마음이다. 이 난관을 앞으로 어떻게 헤쳐나가야할지 남은 아이들의 걱정이 이만저만이 아니다.

골리앗과 다윗의 싸움이 되어버린 정치. 체육당 아이들은 다윗의 용기와 지혜를 보여줄 수 있을까? 물론 승부는 끝까지 가봐야 안다.

또 한 번의 토론이 계획됐다. 이번에는 이전보다 좀 더 진전된 형태의 정책 토론이다. 좀 더 진전된 형태로 공약을 정한 다음, 이 공약 내용을 가지고 다시 한 번 논쟁을 벌이게 될 것이다.

체육당과 자유당이 이제부터 할 일은 당 대표와 당의 입 역할을 할 대변인을 뽑는 것이다. 당 대표를 중심으로 당의 로고를 정하고, 공약집도 만들게 된다. 구성원들이 스스로 결정하는 과정을 통해 당 조직을 갖추는 경험을 하는 것이다.

공정한 승부를 위해서 심판이 빠질 수 없다. 체육당도, 자유당도 아닌 중립은 언론과 선관위를 맡기로 했다. 언론과 선관위는 이해 관계에 얽히지 않고 가장 객관적인 시각으로 공정한 선거가 치러지는 데 중요한 역할을 한다. 중립을 선택한 10명의 아이들이 모여 선관위와 언론 중 어느 쪽을 맡을지 결정했다. 언론은 편파적인 보도가 되지 않도록 각 당의 주장을 잘 정리해 알려주어야 하고, 선관위는 장난으로라도 뇌물이나 협박이 오가지는 않는지 잘 감시해야 한다. 생각이 다른 여러 사람들이 서로 자유롭게 경쟁할 때, 더욱 발전적인 결론을 낼 수 있다.

그런데 중립의 핵심 멤버인 성민이가 중립의 계속되는 회의에 오랜 침묵을 지키더니, 자리를 털고 일어났다. 성민이가 찾아간 곳은 체육당 민혁이가 있는 교실이다. 기다렸다는 듯이 성민이를 반갑게 맞이하던 민혁이와 뭔가를 열심히 이야기하더니 둘은 체육당 아이들이 있는 곳으로 향했다. 체육당을 찾은 성민이가 파격적인 제안을 했다. "체육당에서 대표로 뽑아주면 입당할게." 체육당의 반응은 무조건 "콜!"이다. 중립을 외치던 성민이는 왜 체육당에 입당했을까?

체육당에 전격 입당한 것과 동시에 대표를 맡게 된 성민이! 성민이의 체육당 입당은 교실 정치에 새바람을 몰고 올 수 있을까? 성민이의 입당 소식에 교실 전체가 술렁이면서 자유당 아이들의 목청이 높아지기 시작했다. '선거관리위원회의 부정'이라는 말도 나오고, 당 대표직을 조건으로 입당했으니 '부당거래' 아니냐는 항의도 거세다. 새로운 인물이 등장하면서 천군만마를 얻은 체육당의 환호와 반대로 자유당은 자신들에게 불리해지는 건 아닌지 경계 태세다. 정치인에게 필요한 건 권력 의지라고 하는데, 그 권력 의지가 적나라하게 드러나는 순간이다.

혼란스러운 상황에서 고성국 박사가 상황을 정리했다.

"선거에서는 이런 일이 많아. 실제로 정당들은 말이야. 선거에서 이기기 위해서는 그 당에 좋은 사람을 많이 데리고 와야 되잖아. 그래서 여러 가지 형태로 설득도 하고 약속도 해서 데리고 와."

바뀐 체육당 대표와 자유당 대표가 앞으로 나와 페어플레이를 다짐하며 악수하는 것으로 일단락되었다. 여러 사람이 모이면 갈등과 마찰은 빠지지 않고 생긴다. 하지만 이것을 해결하는 과정 역시, 정치다.

지금의 이 상황이 아이들에게는 혼란스럽겠지만 이 또한 아이들에겐 새로운 배움이 될 것이다. 선거는 이기는 게 중요한 게 아니라 어떻게 만들어가느냐가 중요하단 말도 있지 않은가.

공약 속에 깃든 리더십

같은 편의 사람이 많다고 해서 경쟁에서 이기는 건 아니다. 그보다 더 중요한 건, 바로 '공약'이다. 공약은 정당이 유권자에게 내거는 공적인 약속이다. 전쟁터에 나간 군인의 총이나 칼과 같은 무기인 셈이다.

그런 점에서 좋은 공약은 첫째로 얼마나 많은 사람들의 요구를 담고 있느냐가 매우 중요하다. 과연 체육당은 그 의미를 제대로 이해하고 있을까? 체육당의 공약을 살펴보자.

〈체육당의 공약〉
1. 새로운 운동기구 설치
2. 자투리 시간 모아 체육 시간 늘리기

넓은 운동장이 없는 여건을 고려해 좁은 공간에서도 다양한 체육 활동을 즐길 수 있는 방법에 신경 쓴 흔적이 보인다. 아이들의 바람을 잘 반영한 것 같다. 여기에 보태 쓰지 않는 교실을 운동 공간으로 활용하거나 좁은 공간에서도 할 수 있는 운동 프로그램까지 마련할 계획이라고 한다.

다만 공약公約이 공약空約이 되지 않기 위해서는 해결해야 할 일이 있다. 지금 내건 공약은 체육당의 의지만으로 지키기 어려운 감이 있다. 성민이의 주도 아래 성민이를 포함한 체육당 3명이 서둘러 교장실을 찾았다. 체육당의 공약이 실현 가능한지, 교장 선생님이 조언과 구체적인 도움을 얻기 위해서다. 공약이 그저 장밋빛으로 포장되고 모호하게 다가온다면 곤란하다. 구체적이고 명확해야 한다. 좋은 공약의 둘째 조건, 바로 책임과 실천이다.

체육을 할 수 있는 운동장이 없다는 걸 누구보다 잘 아는 교장 선생님은 체육할 만한 장소를 만들어 운동장이 아닌 곳에서도 마음 놓고 체육 활동을 할 수 있게 만들겠다고 약속했다. 그뿐만이 아니다. 예산이 필요한 운동기구 설치에 대한 약속까지 받아냈다. 뜻밖의 커다란 수확이다. 체육당의 공약 실천이 한 걸음 더 다가가게 됐다.

그렇다면 자유당은 이에 대응해 어떤 공약을 내놓았을까? 순조로운 행보를 시작한 체육당과 반대로 자유당은 곤란한 상황이다. 토론은 난상에 난상을 거듭하며 의견 조율에 난항을 겪고 있다.

〈자유당의 공약〉

타임 블록제로 시간을 자유롭게 쓰자

자유당의 핵심 공약인 타임 블록제는 시간표를 탄력적으로 배치하

여 40분 수업, 10분 쉬는 시간을 수업 시간 80분, 쉬는 시간을 20분으로 통합하는 제도다. 대신 생리적인 현상은 수업 시간 아무 때고 갈 수 있게 했다. 그런데 여기서부터 자유당 아이들의 의견이 충돌했다. '쉬는 시간을 묶어두면 자유 시간이 길어져 여유롭다'는 찬성의 의견도 많지만 타임 블록제가 '또 다른 자유 침해'라는 반론도 만만치 않다. 수업 시간에 화장실을 갈 거면 중간에 쉬는 시간이 있는 게 낫지 굳이 수업을 방해할 필요가 있느냐는 뜻이다.

시간이 지나도 의견은 더 이상 모아지지 않고 똑같은 얘기만 반복됐다. 자신과 다른 생각을 이해하고 조율해가는 과정이 정치라지만, 자유당 아이들 간의 '정치'는 삐걱거리기만 한다. 아니나 다를까, 타임 블록제를 반대하던 자유당 여학생 둘의 움직임이 수상하다. 잠시 뒤로 빠졌던 두 여학생이 체육당 대표와 비밀리에 만났다. 동향을 살피던 두 여학생은 체육당 측에서 준비가 거의 다 되었는데 약간의 반론이 필요하다고 하자 한 가지 제안을 했다. "우리가 체육당으로 가줄게. 우리(자유당) 의견에 반론할 기회를 줄게. 내가 우리(자유당) 의견 다 알아."

다름의 차이를 좁히지 못한 자유당의 두 학생이 탈당했다는 소식이 순식간에 퍼졌다. 언론도 이 사실에 주목하고, 곧바로 취재에 들어갔다. "자유당은 (공약의) 범위도 안 정해졌는데 하나의 문제에 관해 자꾸 똑같은 얘기만 반복하면서 문제 해결 기미가 보이지 않는다"는 게 탈당 이유다. 자유당 아이들의 원망이 쏟아졌다. "탈당한 아이들도 상처를 입었고, 남은 자유당 아이들도 상처를 입었다"는 통한의 목소리가 자유당의 심정을 짐작하게 해준다. 하지만 이 역시 '정치'의 한 단면, 어제의 동지가 오늘의 경쟁자가 된 상황이다.

누구보다 속상한 건 자유당 대표 이현이다. 차분하게 지켜보던 이현이는 대표답게 이 상황을 냉철하게 분석했다. "아무래도 체육당은 정확한 목표가 있고 자유당은 정확하지 않은 의견들이 많아서 아이들의 마음이 떠났던 것 같아요."

진정한 리더십은 위기와 시련이 닥칠 때, 발휘되는 법. 이현이는 자유당의 남은 아이들을 독려하며 서로의 생각을 다시 모으고 공약을 수정, 보완했다.

처음에는 열세로 시작한 체육당이었지만 그새 많은 변화가 있었다. 체육당은 자유체육당으로 당명을 바꾸고, 성민이를 포함한 중립 3명과 자유당 2명이 옮겨오면서 체육당 당원이 무려 5명이나 늘었다. 이렇게 되면 자유당과 박빙이다.

자유당 16 → 14 / 자유체육당 5 → 10 / 중립 10 → 7

선관위의 발길도 바빠졌다. 각 당들이 본격적인 정당 활동에 들어가면서 부정행위를 감시하고 단속해야 하기 때문이다. 공정한 선거가 이루어지도록 선관위에서는 아이들 눈높이에 맞춘 선거법을 정했다.

자유당과 체육당의 정책 토론 배틀

오늘은 정책 토론회날. 자유당과 체육당 아이들이 한자리에 둘러앉았다. 교실 가운데에는 정책 토론에 참석하는 각 당의 발표자가 자리를 잡고, 나머지 당 아이들은 머리띠를 매고, 가슴에 띠를 둘렀다. 그 열기만큼 당원들의 홍보 선전도 치열하다.

토론을 할 때 가장 중요한 건 무엇일까? 아이들에게 묻자 어떤 아이는 '주장과 근거'라고 하고, 어떤 아이는 '목소리만 크면 된다'고 장난스럽게 받아치기도 했다. 하지만 토론을 할 때 가장 중요하고도 기본적인 건 '상대방의 입장에서 그 사람의 의견을 들어주는 것'이다. 토론은 혼자서 주장하는 게 아니라 상대가 있다. 이를 무시하면 토론은 자기주장만 우기다가 끝나는 싸움이 되고 만다. 또한 생산적인 토론이 되려면 정해진 룰을 지키는 것도 매우 중요하다.

정책 토론 1Round – 공약 발표

선관위가 먼저 토론 규칙을 발표했다.
"각 당별로 발언 2분, 반론 2분 각당 전략 토의 5분, 재반론 2분으로 하겠습니다."
자유당의 첫 발표자로 재호가 나섰다.
"자유당의 주요 사상은 멘티멘토제입니다. 멘티멘토제란 자기가 좋아하거나 자기가 제일 자신 있는 것을 하기 위해 좋아하는 사람들끼

리 모여서 서로 가르쳐주는 시스템입니다."
"기호 1번 자유당을 지지해주십시오. 여러분의 한 표 한 표가 자유당에게 큰 힘이 됩니다. 기호 1번 자유당을 뽑아주세요. 감사합니다."

다음은 체육당 차례다. 활발한 체육 활동을 위해 체육 시간과 시설 확보를 주장한다. 상대의 공약에 촉각을 세우는 아이들 사이에 긴장감이 감돌았다.

"학교 곳곳에 운동기구를 배치해놓겠습니다. 자유롭고 유쾌한 체육 활동을 하면서, 육체적 피로를 덜어냅시다."
"학교 안에서 여유 공간들이 거의 없고 학생들이 마음껏 뛰어놀 수 있는 공간이 없습니다. 저희 자유체육당은 방금 내세운 공약들이 최대한 많이 지켜질 수 있도록 노력할 것이며 이 공약들을 어쩔 수 없이 지키지 못할 경우에는 대체하는 방안을 내세워 지키도록 하겠습니다. 자유체육당 연설을 들어주셔서 감사합니다."

각 당의 개성 있는 공약이 탄생했다.
자유당이 내건 캐치프레이즈는 '자유가 살아야 행복이 산다'. Free의 첫 글자 F를 문 하늘색 비둘기가 그들의 로고이다. 그 뜻도 멋지다. 비둘기와 F는 자유를, 하늘색은 우리 지구의 하늘을 상징한단다.
자유당의 공약은 타임 블록제를 보완한 멘티멘토제다. 멘티멘토제는 자유 시간에 학생들이 각자의 관심 분야를 가르치는 사람–배우는 사람으로 나누어 정보를 나누고 특기를 배우는 제도다. 서로 가르쳐주는 시스템으로, 좋아하는 활동이나 자신 있는 활동이 없으면 다른 분야를 여러 개 체험하면서 집중적으로 자신이 좋아하는 것을 찾아나가는 프로그램이다. 점심 시간에 멘티멘토를 연결해서 취미 생활을 발전시키거나 특별 활동 시간 중 한 시간은 자기계발, 예습, 복습, 독서할 수 있는 자유 시간으로 만들되, 자유 시간을 너무 많이 제공해 학습에 방해되지 않도록 하겠다는 주의사항도 잊지 않았다. 멘티멘토제로 취미와 적성을 개발시켜 나중에 자신의 꿈을 이룰 수 있는 자유를 얻을 거라는 희망적인 메시지가 매력적으로 들린다.

체육당에서 당명을 바꾼 '자유체육당'은 우선 당명부터 설명했다. '자유롭고 유쾌한 체육 활동을 하면서 육체적 피로를 덜어냅시다'라고 당명에서부터 강한 설득력을 가진다. 상대방이 선점한 '자유'라는 어젠다를 공유하고 원래 자신들의 슬로건을 합친 강력한 당명이다.

자유체육당은 활발한 체육 활동을 위해 체육 시간과 시설을 확보하는 데 가장 많은 주안점을 두었다. 자유체육당의 공약은 진정한 행복이란 운동에서 나온다는 데서 출발한다. 운동을 하면 스트레스가 해소되고 적당한 체중을 유지시켜주며 여럿이 함께하는 게임을 통해 협동심을 기를 수 있다는 것이다. 모두가 자유롭게 체육을 할 수 있는 공간을 제공하고, 휴일에도 체육관과 옥상을 개방하고, '학교 곳곳에 운동기구를 배치하고, 즐거운 체육 활동을 위한 프로그램을 마련하는 등 공약을 눈에 보일 듯이 구체적으로 마련한 점이 무엇보다 현실적으로 느껴진다.

공약 발표가 끝나자 선관위는 당별로 발언 2분, 반론 2분, 각당 전략토의 5분, 재반론 2분의 시간을 주었다. 본격적인 토론 배틀이 벌어졌다.

정책토론 2round - 반론

자유당의 반론이다.

자유당 : 운동기구를 놓는다고 자유체육당에서 말씀하셨는데 운동기구를 놓게 되면 분실물 사고뿐만 아니라 많은 훼손이 있었습니다. 이에 대해선 어떻게 생각하십니까?
자유체육당 : 벌점을 주거나 CCTV를 달면 범인을 찾을 수 있을 것입니다.

위기를 재치 있게 잘 넘기자, 체육당에서 안도의 박수가 터져 나왔다.

자유당 : 운동기구를 설치한다고 했는데, 어떤 운동기구를 말씀하시는 겁니까?
자유체육당 : 많은 학생들이 사용하게 되면서 어쩔 수 없이 배드민턴 채가 지금 거의 다 부서졌습니다. 그것을 새로 마련하겠습니다.

순간적으로 허점을 잡은 자유당 이현이가 맹공격을 퍼부었다.

자유당 : 말씀하셨듯, 많은 학생들이 사용하면서 훼손될 수밖에 없는데 CCTV를 통해서 범인을 잡는 것이 어떤 효과가 있다는 말씀이십니까?

자유당의 일리 있는 질문에, 대답을 잘 이어가던 성민이의 말문이 막혔다. 결국 제대로 반론하지 못한 채 제한 시간을 넘기고 말았다. 자유체육당, 아쉽게 반론의 기회를 놓치고 만다.

정책토론 3round – 재반론

자유당의 공약에 대한 자유체육당의 반론이 시작됐다.

자유체육당 : 자유당에서는 자유 시간을 준다고 했습니다. 그렇게 되면 교과학습과정에 지장을 주는데 진도는 어떻게 따라갑니까?
자유당 : 재량특활 시간에 시간을 내자는 것입니다. 그리고 따로 멘티멘토제를 이용해 점심 시간에도 취미 생활에 맞는 자유 시간을 드린다고 했습니다.

자유체육당이 또다시 반격에 나섰다.

자유체육당 : 자유 시간을 주신다 하셨잖아요. 그런데 자기 마음에 드는 게 없을 수도 있지 않습니까?
자유당 : 저희가 말하는 멘티멘토제는 부서가 따로 정해져 있는 것이 아닙니다.
자유체육당 : 그럼 다른 개별 활동 시간에 한다고 하셨는데요. 하지만 원래 그 시간에는 해야할 것이 있습니다. 안 그렇습니까?

토론 막바지에 이르자 자유체육당이 뒷심을 보여주며 여세를 몰아갔다. 1분간의 자유 발언을 포함해 그렇게 아이들의 치열한 설전은 끝이 났다. 자유당과 자유체육당 모두 준비도 잘하고 토론도 잘 끝냈다. 토론을 거치며 '행복한 학교 만들기'에 대한 결론도 어느 정도 막바지에 이르렀다.

아이들의 선택은

각 정당의 정책 토론이 끝났다. 이제 남은 건 '투표'다. 아이들은 '행복한 학교 만들기'를 실행할 수 있는 일꾼으로 어느 당을 선택할까? 일주일 뒤 마지막 승부를 가릴 투표가 시작된다.

그동안 선관위는 투표 용지를 인쇄하고, 각 정당은 막바지 행보를 이어갔다. 선거일을 하루 앞두고 펼쳐진 막판 유세가 치열하다.

D-1 최종 유세

기호 1번 자유당의 유세가 시작됐다.

노란색 티를 깔끔하게 맞춰 입은 자유당 선거 운동원들이 줄을 길게 섰다. "자유당은 자유다~ 위 캔 겟 프리!" 구호도 깜찍하다. "최선을 다해서 자유를 드리겠습니다. 기호 1번 자유당 꼭 뽑아주시기 바랍니다. 감사합니다!" 우렁찬 인사와 함께 아이들도 박수를 치며 덩달아 환호했다.

이를 가만히 두고 볼 자유체육당이 아니다. 자유체육당은 폭풍 랩과 잘 짜인 노래로 맞섰다.

"자유 대신 체육으로, 뱃살 대신 복근으로, 지방 대신 근육을 만들어. 우리가 바로 체육당 녀석들~. 우리는 말하지 체육당은 다 돼~ 체육하면 다 되는 세상이야. 오~ 우리는 말하지. 지방 대신 복근, 체육하면 다 되는 세상이야. 오~"

투표 마지막까지 "자유체육당을 뽑아주세요", "자유당" 하고 연호하며 유세를 하고, 선관위는 투표를 위한 마지막 점검까지 만반의 준비를 마쳤다.

기다리던 투표날이 다가왔다. 아이들이 투표소로 꾸며진 학교 옥상에 모였다. 모든 것이 결정되는 이날은 그동안의 노력의 과정과 시간들이 평가받는 날이기도 하다.

운명의 투표날이 되었다. 아이들의 마음은 어디로 기울었을까?

처음에는 자유당의 우세라고 생각했지만, 공약 발표와 정책 토론을 거치며 자유체육당이 치고 올라왔다. 그리 길지 않은 준비 기간이었는데도 아이들은 최선을 다했고, 혼전에 혼전을 거듭하며 드라마틱한 선거 과정을 보여줬다.

"지금부터 투표를 시작하겠습니다." 선관위가 투표 개시 선언을 했다. 만 19세 이상의 대한민국 국민에게 투표 자격이 주어지듯이, 오늘의 투표는 행현초등학교 6학년 1반 학생들에게만 자격 조건이 주어진다. 선거의 4대 원칙인 직접선거, 보통선거, 비밀선거, 평등선거도 물론 보장된다. 투표 순서는 선관위가 결정한 대로 출석 번호순으로 하되 여자부터 나오기로 했다. 여자 출석번호 1번 학생이 처음으로 투표 용지를 쥐었다. 그 뒤를 이어 아이들은 망설이지 않고 자신의 권리를 행사했다.

드디어 모든 아이들의 투표가 끝났다. 곧 선관위의 개표가 이어졌다. 선관위가 "자유체육당", "자유당" 하고 호명할 때마다 환호성을 지르거나 한숨을 내쉬었다. 그렇게 마지막 개표도 끝났다. 과연 아이들은 어느 당의 손을 들어줬을까?

아이들이 숨죽이며 개표 결과를 기다리는 가운데, 선관위가 마지막으로 개표 결과를 발표했다.

"자유체육당이 과반수를 넘었기 때문에 자유체육당이 이겼습니다."

기권표 2표를 제외한 11 : 18로 자유체육당의 승리! 희비가 엇갈리는 순간이다. 자유체육당 쪽에서 엄청난 환호 소리가 터져나왔다. 초반에 앞서다가 마지막에 역전 당한 자유당 아이들은 침묵하고, 끝내 몇몇 아

　이들은 눈물을 흘리며 패배의 아쉬움을 숨기지 못했다.
　이게 선거의 묘미라지만 왜 아이들은 마지막에 마음을 바꿨을까? 결과도 궁금하지만 선택의 이유가 궁금하다.
　자유당에 투표한 아이들은 자신이 '자유당이라서', '나는 체육을 좋아하지 않고', '당 이름과 같이 여러 가지 자유를 누릴 수 있기 때문에', '멘티멘토제로 서로 부족한 부분을 채워 좋겠다고 생각하기 때문에'라는 이유로 자유당을 뽑았다. 자유당을 옹호하는 확고한 지지층이 대부분이다.
　자유체육당을 투표한 아이들은 '자유당은 분열된 모습을 보였지만 자유체육당은 공약이 좋기 때문에 잘 이행할 수 있을 거라고 생각해서', '자유당에 비해서 자유체육당이 의견을 잘 설명했기 때문에', '자유체육당이 실현가능성이 더 높을 것 같아서'와 같은 이유가 많았다. 아이들 눈높이에 맞춘 실현가능한 공약과 당원들의 단결이 역전의 발판을 마련한 것이다.
　선거 결과가 발표되자 그때까지 각 당을 이끌었던 대표들의 소감이 이어졌다. 자유당 대표 이현이는 열심히 선거 운동을 한 자유당원에게는 감사를, 자유체육당에게는 축하를 보내며 깨끗이 승패를 인정했다.

자유체육당 성민이도 친구 사이가 이 일로 멀어지지 않았으면 좋겠다는 말로 승리의 기쁨을 마무리했다. 정정당당히 겨룬 승패였기에, 결과를 그대로 받아들이는 아이들이다.

프로젝트 수업에서 배우기

'행복한 학교 만들기'에서 시작해 아이들은 차례차례 의미 있는 과정을 밟아왔다. 나와 같은 생각을 가진 아이들과 정당을 만들었고, 정당 활동도 열심히 펼쳤다. 또한 공약 만들기를 통해 좋은 공약의 조건은 물론, 다름을 존중하는 방법 역시 토론으로 배웠다.

• 정치 수업 매뉴얼
정당 만들기 / 정당 활동 / 공약 만들기 / 정책 검증

앞으로 이 아이들이 주축이 되어 미래의 선거 문화를 만들고 민주 정치를 실현해 나갈 것이다. 처음부터 아이들의 모든 과정을 지켜봐왔던 고성국 박사가 선거의 마무리를 지으며 정리했다.

"'민주주의의 진정한 선거는 결과를 아무도 예측하지 못할 때 성립된다'는 말이 있어. 소수파가 다수파가 될 수 있어야 하거든. 그리고 막 바뀌기도 하고 이런 변화의 가능성이 열려 있어야 그것이 진정한 민주주의야. 여러분들이 보여줬듯이 처음에는 서로 생각이 달라도 경쟁하

는 과정에서 진짜로 자기들의 생각이 정리도 되고, 상대방의 생각이 잘 이해돼서 누가 이기든 간에 손잡고 갈 수 있는 이런 선거를 우리는 바라는 거지."

선거를 끝낸 아이들은 정치에 대한 생각이 처음과 바뀌었을까?

"교과서에 나오는 정치나 책에 나오는 정치는 많이 어려웠어요."
"정치는 저희 생활에 없어서는 안 될 거라고 생각해요. 삶에서 없어서는 안 되는 것."
"어려웠어요. 처음에는. 정치는 어른들만 하는 것인 줄 알았는데 어린이도 한다고 하니깐요."
"활동을 하기 전에는 '정치는 나와 거리가 멀고 나는 지금 할 수 없을 거야' 이런 생각을 했는데 이 활동을 하니까 정치가 가까워진 것 같아요."

학교의 높은 담장을 넘어, 교실에서 만난 정치 수업에서 아이들은 처음으로 '진짜 정치'를 마주했다. 이번 정치 의제인 '행복한 학교 만들기'는 범위만 다를 뿐, 더 나은 공생을 위해 방법을 모색한다는 점에서 보면 '행복한 나라 만들기'와 맥락을 같이 한다. 공부하는 것도, 정치도 모두 행복을 위해서라고 외치지만, 행복은 이처럼 작은 체험에서 우러나오는 것일지도 모른다. 아이들이 보여준 거침없고 솔직한 정치는 건강한 사회구성원으로서 성장하는 데 값진 밑거름이 될 것이다. 그것이 내일의 새로운 정치를 기대하는 이유이기도 하다.

사회 속에 당당하게
더불어 살아가는 힘

정치 교실, 사회를 읽다

그 후

일주일 뒤. 교내 방송이 울려퍼졌다. "전교 학생들에게 알립니다. 정문과 후문에서 행현초등학교 운동기구 설치를 위한 설문조사를 실시하고 있습니다."

자유체육당 아이들은 정책 실현을 위한 행보를 이어갔다. 좀 더 많은 아이들의 생각과 의견을 참고할 생각이다. 학교에서 운동기구를 설치하려고 하는데 학생들이 어떤 걸 설치하고 싶은지 골라서 스티커를 붙이는 방법을 통해 의견을 알아보기로 했다.

6학년 1반의 살아 있는 정치 교실은 기대 이상이었다. 어른의 정치는 선거가 끝나는 즉시 남의 일이 됐지만 아이들은 선거가 끝난 뒤에도 정치적인 행보를 계속 이어갔다. 선거에서 이긴 자유체육당은 자유당 구성원들과 함께하는 자리를 마련해 공약을 어떻게 실천한 것인지 논의를 했다. 당을 초월해 뭉친 아이들은 전교 어린이들을 대상으로 설문조사를 해 공약을 좀 더 구체적으로 다듬었다.

'살아가는 것 자체가 정치다'라는 말처럼 정치를 하는 아이들은 어른 못지않은 성숙함을 보였다. 어른들도 제대로 할 수 없는 정치를 아이들이 한다니, 어렵지 않을까란 우려의 목소리가 많았지만 방송이 끝난 후 올라온 소감들 중에는 외려 아이들이 어른에게 좋은 가르침을 주었다는 평을 볼 수 있었다.

정치 교실의 주체인 아이들의 반응도 뜨거웠다. 정치 체험을 한 소감을 묻자 많은 아이들이 '원하는 대로 바꿀 수 있다'는 것을 가장 좋았던 점으로 꼽았다. 이기고 지는 승부가 중요한 게 아니라, 수많은 생각들이 부딪히고 모여 좋은 학교를 만들 수 있다는 원리를 체감한 것이다. 학교의 주인은 학생이지만, 그동안 학교는 엄격한 체제를 유지하며 학교장과 교사의 지도와 안내를 학생이 따라가는 것을 정답처럼 가르쳐왔다. 자신의 바람과는 거리가 멀어도 아이들은 학교 체제나 교육 환경에 어쩔 수 없이 따라야만 하는 존재였다.

정치 교실을 체험한 아이들은 '큰' 학교를 '우리'가 원하는 대로 이끌어나갈 수 있었다는 점이 신난다고 했다. 아주 어렸을 적, 빡빡한 시간표를 내가 원하는 대로 바꾸고 싶다고 상상만 하던 일이 정치로 가능해진 것이다. 실제 정치에 뛰어든 아이들은 행복한 학교를 만들기 위해 당

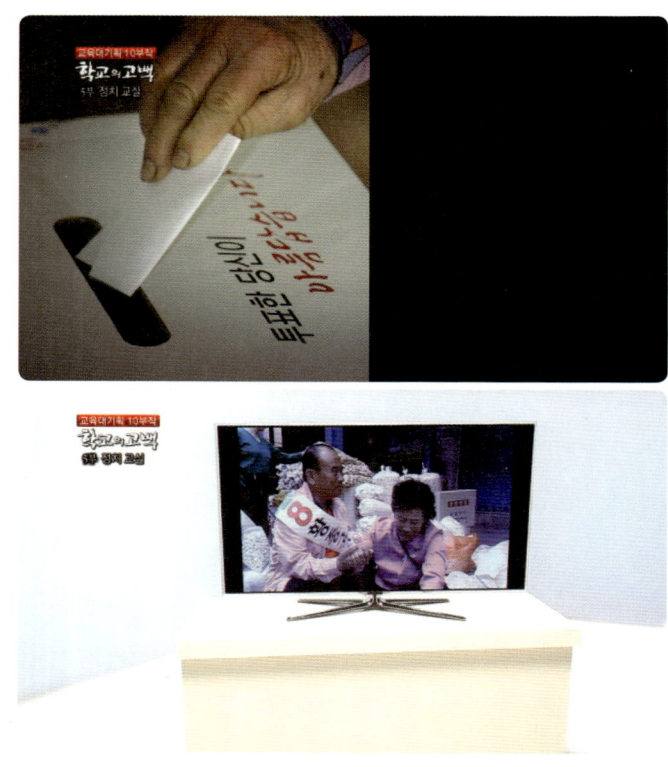

"살아가는 것 자체가 정치다"

아이들은 정치 교실에서 살아 있는 사회의 힘을 체험하고 자신의 목소리를 냈다.

당하게 제 목소리를 내는 데 주저하지 않았다. 교실 회의 말고는 자기 목소리를 낼 수 없었던 아이들은 한 사람 한 사람의 의견에 귀를 기울였고, 불공정하고 부당하다고 생각되는 상황에서는 소리 높여 항의했다. 표현이 서투르고 정리되지는 않아도 자신의 주관을 보여주려고 했고, 경쟁하는 과정에서 상대방의 반론에 귀를 기울여 자신들의 생각을 정리하고 발전시켰다.

공생을 위한 방법을 모색하는 게 정치라는 말처럼, 친구들과 함께 의견을 모으고 모두가 원하는 학교를 만들기 위해 정책을 만들면서 아이들은 그렇게 스스로 생각하는 행복한 학교에 한 발짝 다가섰다.

스스로 판단하고 사고하고 행동하라

기원전 5, 6세기 민주주의의 꽃을 피웠던 아테네에서는 아고라가 정치의 장이었다. 아고라는 시민들의 일상생활의 중심이었다. 시민들은 하루의 대부분을 아고라에 모여 국사를 논하고, 정치, 경제, 사회, 문화 등에 대해 자유롭게 토론했다. 열변을 토하며 자유와 평등, 복지국가 등 민주 정치 철학의 근간이 되는 사상과 학문을 논하는 모습도 심심치 않게 볼 수 있었다. 때로는 중요한 사안을 두고 재판이 벌어지기도 했다. 웅변가들은 이곳에서 정치 철학을 논했고 시민들은 이를 경청하며 반박하거나 동의했다. 당대의 철학자 소크라테스도 늘 아고라를 배회하며 하루를 보냈다.

이른 봄이 되면 시민들은 아고라 광장에 모여 위험 인물을 도자기조각에 적어냈다. 6천 명 이상의 표를 받은 사람은 민주주의에 저해가 된다고 판단해 고국에서 추방되었다. 한 번 추방되면 10년 동안은 고국에 돌아올 수 없었다.

이러한 아테네의 기본 원칙은 오늘날의 민주 정치의 근간을 이루었다. 사람들은 모든 일상생활에서 스스로 판단하고 의견을 내놓았으며, 설득의 과정을 통해 중대사를 결정했다. 다수의 의견으로 결정되었지만 소수의 의견도 존중되었다.

정치가 아니더라도, 사회에 나가면 무수한 난관에 부딪히게 된다. 서로 이해 관계가 첨예하게 대립하거나 신념이 대립해 얼굴을 붉히는 경우도 빈번하다. 다양한 사람들과 함께 살아가다 보면 갈등은 빠지지 않고 생기기 마련이다. 정치권의 묵은 갈등뿐 아니라 부모와 자식 사이에도, 학교 폭력의 문제에도 늘 대립과 갈등은 수없이 반복된다.

저마다 다른 생각을 가진 사람들과 더불어 살아가기 위해서는 소통이 필요하다. 그리고 기본적인 소통의 방법은 대화와 타협이다. 대화는 기본적으로 다른 사람의 생각을 이해하기 위한 방법이다. 남의 의견을 통해 나의 생각을 검토하고 서로 간의 의견을 조정해 문제 해결의 실마리를 찾아가는 과정인 것이다.

그렇다면 대화와 타협을 위해 가장 필요한 것은 무엇일까? 저마다 다른 생각들을 이해하는 과정은 경청이 바탕이 되었을 때에야 이루어진다. 상대방의 말을 주의 깊게 들어주는 훈련이 되지 않으면 대화가 자주 끊기거나 자기주장만 반복하다 말다툼으로 끝나는 일이 많다. 대화를 한다고 했다가 비판 일변도로 변하면서 합의점을 찾지 못하고 자기주장만 되풀이하는 경우도 있다.

쉽게 판단하고 평가하기보다는 의견을 존중하는 마음도 필요하다. 자신의 말을 들어주길 바라는데 섣불리 평가하는 것은 상대방의 기분을 상하게 하고 상처를 만드는 일이다.

어른들이 아이들에게 기대하는 세상은 지금의 정치와는 다른 모습이다. 기성세대의 잘못된 정치 문화를 답습하지 않고, 앞으로 살아갈 세상에서는 공정하고 올바른 가치가 강력한 힘이 되는 정치가 되기를 꿈꾼다. 그런 점에서 정치 교실을 통해 일찌감치 민주주의를 경험한 아이들이 보여준 모습은 희망적이다. 머리가 아닌 몸으로 배운 민주주의는 쉽게 잊히지 않는다. 지금은 비록 작고 여린 목소리지만, 그 목소리들이 커진다면 다양한 생각을 존중하고 대화와 타협을 통해 올바른 가치를 끌어낼 수 있을 것이다. 더불어 살아가는 삶에 대한 바른 이해와 건강한 관계를 몸으로 익힌 의미 있는 정치 시도는 아이들에게도 사회 속에 당당하게 발을 내딛을 수 있는 자산이 될 것이다.

나를 세우고 사회 속에 어우러지다

정치 교실은 사회의 작은 축소판이기도 했다. 이를 통해 우리는 촘촘하게 얽혀 있는 아이들 내부의 소통 구조를 가늠해볼 수 있었다.

정치 교실은 정치 권력 관계를 보여주는 가상 상황이지만 현실에서는 다른 형태로 정치 권력의 관계가 드러난다. 바로 학교 폭력이다. 학교라는 작은 사회에서 아이들이 보여주는 정치 권력 관계는 상상을 초월한다. 어른들의 고도의 정치 기술이나 은밀하게 이루어지는 이해 관계에 의한 거래와는 다르다. 매우 직접적이고 단순하다. 빵셔틀이나 담배 셔틀부터 밤늦게 수시로 불러내 금품을 갈취하는가 하면, 지속적으로 집단 폭력을 당하기도 한다.

왕따나 학교 폭력을 당한 아이는 단 한 번의 경험일지라도 그때의 상처를 평생 끌어안고 살아가지만 가해 학생들은 별다른 죄의식을 느끼지 못하고 그저 "장난이었다", "그렇게 힘들어할 줄 몰랐다"라는 식으로 가볍게 넘긴다. 학교 폭력의 주범인 가해 학생들이 피해 학생들의 심각한 고통을 이해하지 못하는 이유를 전문가들은 기본적인 사회성이 부족하기 때문이라고 진단한다.

학교는 또래 집단의 문화다. 공부 외에도 아이들은 또래 집단의 상호 교류를 통해 사회성을 익힌다. 관계 속에서 잘 지내는 법을 터득하고, 소통하면서 또래 문화를 받아들이게 된다. 그러나 기본적인 사회성에 필요한 공감 능력이나 감수성, 표현력이 부족하면 다른 사람들과 잘 어울리지 못하고 폭력이나 힘에 의지한 서열과 관계에 집착하게 된다.

그런 점에서 정치 교실에서 보여준 아이들의 모습은 사회성이 어떻게 형성되는지, 사회 안에서 어떻게 함께 살아가야 하는지를 잘 보여주었다. 정치 교실에서 보여주는 아이들의 권력 의지는 때때로 매우 강하게 작용했다. 서로의 이해 관계가 맞아 떨어지면 당을 옮겼고, 권력의 우위를 점하기 위해 상대방을 비방하다 선관위의 경고를 받기도 했다. 친구 관계가 상황에 따라 시시각각 변할 수 있는 상황을 보여준 것이다. 그 복잡한 과정을 거치면서 아이들이 느낀 건 사람을 설득해 마음을 움직이면 사람들은 자발적으로 움직인다는 것이다. 아이들의 문제해결능력이 발휘된 순간이기도 했다. 각기 다른 주장이 나오면 아이들은

. . .

정치 교실은 우리 사회의 축소판이었다.
원하는 바를 실현하기 위한 정치 활동은
보다 나은 사회를 위한 우리의 바람이기도 하다.

더 논리적이고 현실적인 주장을 선택했다. 자기 생각을 정돈하지 못해 논리적이지 못한 말을 하는 사람보다는 더 설득력 있는 말을 하는 사람의 손을 들어준 것이다. 이처럼 자유체육당과 자유당 아이들은 권력을 차지하기 위해서는 설득이 필요하다는 걸 배웠다. 그리고 그 설득의 중심에는 경청이 있었다. 나와 생각이 다른 아이들도 무시하거나 강권하지 않고 그 아이가 무슨 생각을 하는지 귀를 기울이고 구체적인 정책을 내밀었을 때 반 아이들이 자신들의 뜻대로 움직인다는 걸 배웠다. 남의 말을 경청하고 설득할 때 권력도 따라온다는 큰 이치를 배운 셈이다.

앞으로 아이들이 살아갈 사회는 정치 교실의 집합체와 같다. 사회는 사람들과 함께 나누고 공감하고 배려하면서 살아가는 곳이다. 내 의견만 주장하기보다는 다른 사람의 입장에서 이해해야 할 때도 있고 해야 할 일과 해서는 안 될 일은 엄격히 지켜야 한다. 때로는 자신의 주장과 어긋나더라도 다수의 의견에 따라가야 할 때도 있다. 다양한 사람들이 살아가다 보면 갈등이 생기기 마련이고, 갈등을 평화적으로 해결하기 위해서는 다른 사람의 입장에서 공감하고 배려해야 한다. 이와 같은 기본적인 사회성이 부족하면 사회생활을 잘 해나가기 힘들다.

학교라는 공간에서 어른들은 좋은 대학이나 경쟁에서의 승리만을 강요하지만, 교실 안의 사회에서는 아이들 간의 관계에서 생기는 일들이 훨씬 더 큰 문제로 다가올 때가 많다.

아이가 학교 폭력이나 왕따 문제로 힘들어할 때 많은 부모가 아이의 학교 생활을 눈으로 직접 들여다보고 싶다고 말한다. 답답한 마음에 나오는 말이겠지만 그 이면에는 어른들이 거쳐온 아이들의 작은 세계를 이해하지 못한 까닭이기도 하다. 정치 교실에서 아이들이 경험한, 또 어른들에게 보여주고자 했던 모습은 무엇일까?

정치 교실을 통해 아이들이 보여준 경청과 설득, 대화와 타협, 예상하지 못한 문제가 발생했을 때 이를 해결하는 능력, 그리고 자신의 주장과 의견을 힘 있게 끌어갈 수 있는 리더십은 사회 속에 살아가는 우리들의 모습이 녹아 있다. 인간은 혼자 살아갈 수 없다. 그리고 사회적 관계 속에서 자신의 목적과 즐거움을 실현한다. 사회를 이해하는 다양한 가치들이 아이들 내면에 긍정적으로 발현될 때 앞으로 놓여진 긴 인생에서 아이들의 꿈은 찬란한 꽃을 피우게 될 것이다.

Bonus Tip

사회성 있는 아이가 정치도 잘해요
- 사회성 발달을 방해하는 유형별 증상과 해법

정치 교실을 체험한 아이들이 가장 흥미진진하게 생각했던 부분은 토론이었다. 저마다 다른 공약과 정책을 가진 당이 토론을 하면서 무너지고 살아나는 과정을 여과 없이 보여주었기 때문이다. 그밖에도 아이들이 정치 교실을 체험하면서 거둔 성과는 많았다. 반 전체의 의견이 일치한 건 아니었지만 서로 경쟁을 하면서 수많은 생각들이 부딪혀서 좋은 학교, 나아가 좋은 사회가 만들어진다는 점도 깨달았다. 다양한 의견들을 들으면서 어떤 의견이 더 합리적이고 좋은 방법인지 판단하는 기준도 생겼다.

정치는 인간 관계에서 파생된다. 저마다 의견이 다른 사람들이 갈등하고, 이를 해결해나가는 과정이다. 그런 점에서 정치는 관계를 유지하는 능력, 곧 사회성이 좋은 사람에게 유리하다고 할 수 있다.

다른 사람과 잘 지낸다는 건 결코 쉬운 일이 아니다. 복합적인 능력이 필요하기 때문이다. 남의 입장이나 기분을 이해하고 존중하는 공감 능력, 저마다 다른 의견으로 생기는 갈등을 해결하는 문제해결능력, 논리적인 자기표현과 다른 사람을 설득할 수 있는 발표력, 다른 사람을 이끄는 리더십이 있어야 한다.

정치 교실에서 초반에 열세였던 자유체육당이 선거에서 이길 수 있었던 이유도 여기에 있다. 당이 다른 아이들의 입장과 기분을 잘 이해해 입당을 이끌었고, '행복한 학교 만들기'라는 주제를 실현할 수 있는 구체적인 정책과 공약으로 반 아이들의 공감을 끌어냈다. 처음에는 당황해서 지지부진했던 토론도 마지막 유세 토론에서는 뚜렷한 목표 설정과 발표로 아이들을 설득할 수 있었다.

　보통 사회성은 나와 남을 구분하는 만 2세부터 시작해, 유아기에 급격히 발달하며 친사회적 행동을 보인다고 한다. 또래 관계들이 주를 이루는 만 6세 이상이 되면 그때부터는 사회성이 본격적으로 발휘된다. 또래와의 집단인 학교에 들어가면 사회성이 부족한 아이는 다른 아이들과 관계를 맺지 않고 주변을 맴돌거나 심한 경우 왕따나 따돌림의 대상이 되기도 한다. 사회성이 부족하면 다른 아이들과 잘 어울리지 못하는 행동이 일관되게 나타나지만, 그 원인은 다양하다. 공감 능력이 부족해서일 수도 있고, 문제해결능력이 부족해서일 수도 있다. 관계에 필요한 사회성을 기르기 위해서는 어떻게 해야 할지, 유형별로 분석해보았다.

스스로 문제를 해결하지 못해요 / 혼자서는 아무 일도 못해요

: 문제해결능력이 떨어지는 아이

이렇게 해보세요!

1. 스스로 계획할 수 있게 도와주세요

살아가다 보면 우리는 수시로 생각지도 못한 문제에 부딪히게 된다. 그때 가장 필요한 능력이 문제해결능력이다. 문제해결능력이 뛰어나면 쉽게 포기하지 않고 남들과 다른 방식으로 문제를 접근해 해결한다. 결국 살면서 가장 중요한 순간에는 문제해결능력이 뛰어난 사람이 일을 잘하고 사람을 잘 관리해 사회생활을 잘 해나간다.

아이 스스로 할 수 있는 일은 아이 스스로 계획할 수 있게 도와준다. "이거 해!"라는 말보다는 "어떻게 하는 게 좋을까?"를 묻자. 식사 메뉴를 결정하는 식으로 아주 조그마한 성취감을 주는 것부터 시작한다.

또한 아이들은 경험으로 배우기 때문에 부모가 평소 합리적으로 의사 결정을 하는 모습을 많이 보여주는 것이 좋다. 물건을 살 때 우왕좌왕하지 않고 기준을 정해 똑부러지게 고른다든지, 엄마가 그간 경험했던 일들을 쭈욱 들려주면서 이럴 때는 어떻게 행동해야 하는지를 보여준다.

2. "왜?" 라는 질문을 자주 해주세요

"왜?"라는 질문은 아주 단순하지만 아이의 생각을 열어주는 아주 강력한 말이다. 아이와 편한 분위기에서 대화를 나누며 "왜?"라고 질문하면 아이는 그 질문에 답하기 위해 다시 한 번 생각을 하게 된다. 그 질문에 하나하나 답하면서 아이는 자신이 어떤 사람인지도 파악하게 된다. 이러한 경험이 쌓이면 아이는 자기 의견이 생기고 그 의견을 자신 있게 말할 수 있게 된다.

3. 정답을 강요하지 마세요

정답에 길들여진 부모는 모든 문제에 정답이 있다고 생각하고, 부모가 생각하는 정답을 알려주려고 한다. 하지만 모든 문제에 정답이 있는 것은 아니며, 한 문제에 한 가지의 답이 아니라 여러 가지의 답이 나올 수 있다.

그러므로 아이에게 부모가 옳다고 생각하는 답을 말해주기 전에 먼저 아이가 그렇게 판단한 이유를 물어보자. 아이의 이유를 들으면 어느 부분이 잘못되었는지도 알 수 있고, 아이 나름대로 심사숙고해 내린 결론인지도 알 수 있다.

아이가 잘못을 하거나 엄마의 지시에 따르지 않았다고 해도 "엄마가 그러지 말라고 했지"라고 잘못을 추궁하기 전에 "그런 일이 왜 일어났다고 생각해?"와 같이 문제의 원인을 생각할 기회를 주자. 아이 스스로 문제의 원인을 파악하고 반성하면 그다음에 비슷한 일이 있어도 스스로 대응하고 개선할 수 있다.

4. 책은 문제해결능력의 보고입니다

책 속에는 살아가면서 맞닥뜨려야 할 심각한 문제들이 들어 있고, 그 문제에 대한 다양한 해결책도 담겨 있다. 책을 통해 여러 문제를 스스로 생각하고 판단해 해결할 수 있는 문제해결능력을 키울 수 있다.

책을 가까이 하며 다양한 장르의 책을 읽는 건 좋지만 연령별로 추천 도서는 약간 다르다. 초등학교 저학년의 경우 동화 이야기로 시작하는 게 좋다. 교훈이 확실한 책보다는 스스로 판단하고 비판적으로 접근하도록 유도한다. 이분법적인 구도는 편협한 시각을 기를 수 있기 때문이다. 함께 이야기를 읽고 나서 아이가 먼저 물어보더라도 즉답하지 말고 충분히 책을 읽은 느낌이나 등장인물의 심리 등을 파악하고, 핵심 주제를 파악하도록 한다.

현대 사회에서 학습이란 정보를 달달 외우는 데 있지 않다. 집약된 정보를 축적하고 그 정보를 활용해 문제해결능력을 기르는 데 있다. 그러므로 책에서 주어지는 정보를 바탕으로 어떤 문제가 있고 그 문제가 어떻게 해결되는지를 잘 파악해보도록 하자.

남의 말을 들을 생각도 안 하고 자기주장만 해요

: 공감 능력이 떨어지는 아이

이렇게 해보세요!

1. 관계를 충분히 경험하게 해주세요

보통 공감 능력이 부족한 아이는 피해의식이 강하거나 불만에 가득 차 다른 사람의 생각과 기분을 느끼지를 못한다. 그러므로 다른 사람의 입장을 이해하고 배려할 수 있으려면 관계를 충분히 경험해야 한다. 장난감을 한 번이라도 다른 친구에게 양보 받아본 아이가 친구에게 장난감을 양보해줄 줄 안다.

유아의 경우, 관계를 충분히 경험할 수 있는 곳이 놀이터다. 놀이터에 데리고 나가 또래 아이들과 자연스럽게 어울릴 수 있는 기회를 만들어보자. 지켜보면 아이들끼리 금세 투닥투닥 다투기만 하는 것처럼 보여도 서로 협상하고, 양보하면서 공감을 배운다.

2. 공감의 말을 해주세요

자신의 이야기를 들어주고 내 생각과 마음을 이해해주는 누군가가 있다고 느끼면 다른 사람의 마음을 이해할 여유가 생긴다. 아이가 속상했다거나 짜증이 난다고 말을 하면 혼내기 전에 "그랬구나", "나라도 속상했을 것 같아"라며 같이 고개를 끄덕여주자. 그다음에 아이의 행동을 지적해도 늦지 않다. 유치원이나 학교에서 친구와 심하게 다투었다면 "친구가 너를 때리면 기분이 어떨까" 하고 입장을 바꿔 생각해보도록 유도하는 것도 좋다.

수줍음이 많아서 자기 생각을 잘 말하지 못해요 / 생각을 조리 있게 말하지 못해요

: 발표력이 부족한 아이

이렇게 해보세요!

책을 읽으면서 다양한 활동을 해보세요

논점이 다양한 기사나 책을 준비해보자. 기사를 보고 아이들의 의견을 묻고 자기 생각을 조리 있게 말하도록 돕는다. "아 그렇게 생각할 수도 있겠구나", "그런 방법이 좋구나" 하고 아이의 말에 적절하게 반응하며 응원하고 칭찬해주는 것도 필요하다. 평소 책을 읽으면서도 책의 뒷이야기를 상상해본다던가, 내가 등장인물이라면 어떻게 행동할지를 질문하고 대답하는 것도 좋은 방법이다.

자기 의견을 내세우지 못해요 / 아이들에게 이끌려 다녀요
: 리더십 없는 아이

이렇게 해보세요!

아이에게 결정권을 주세요

문제나 갈등이 생겼을 때 아이 스스로 생각하고 판단할 수 있는 상황을 만들어주자. 어떤 일을 합리적으로 해결하기까지는 많은 경험과 연습이 필요하다. 상황을 재빠르게 파악하고, 그 인과 관계를 추론해 적절한 대안을 세우기까지 아이가 스스로 결정할 수 있는 기회를 자주 줘야 한다.

평소에 "어떤 색의 옷이 좋아?", "오늘은 뭐 먹고 싶어?"와 같이 사소하고 간단한 일도 아이 스스로 선택하고 의사 결정할 수 있도록 기다려주자. 스스로 결정하는 기회가 많아지면 문제를 해결할 때 자신의 역할을 중요하게 생각한다. 주어진 상황에 의존하지 않고 모든 것에 호기심을 가지고 자신이 탐색해보고자 하는 참여 동기를 갖기 위해 스스로 고민하고 질문한다.

성취 경험이 많아지면 자연스럽게 자신감을 얻고 아이들과의 관계에서도 도전 의식을 가질 수 있다. 부딪혀보면 얼마든지 자신도 해낼 수 있다는 용기를 가지게 될 것이다. 많은 연습과 경험이 필요한 일이므로 아이가 아주 어린 경우 처음부터 모든 걸 맡기지 말고, 엄마가 도와주되 스스로 할 수 있는 영역을 남겨 아이가 성취감을 느낄 수 있게 해주자.

아이들은 자신들이 만난 코끼리를 표현했다.
처음으로 비행기를 타고 먼 나라에 온 일, 말이 통하지 않는
코끼리에게 물을 뿌려주고 쓰다듬은 일, 그때 느꼈던 손의 느낌과 냄새,
여러 가지 것들을 담아 코끼리를 표현했다.
'기억과 마음의 느낌'으로 세상을 보는 것이다.

PART 4

세상을 이해하는 특별한 능력

코끼리 만지기 프로젝트,
감성으로 보는 새로운 세상

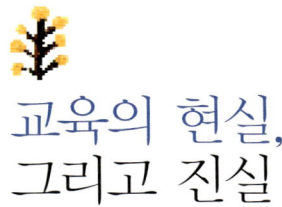
교육의 현실, 그리고 진실

차이가 차별되지 않게

나를 봐, 내 작은 모습을
넌 언제든지 웃을 수 있니

너라도 날 보고 한 번쯤
그냥 모른 척해줄 수 없겠니

하지만 때론 세상이 뒤집어진다고
나 같은 아이 한둘이 어지럽힌다고
모두가 똑같은 손을 들어야 한다고

그런 눈으로 욕하지 마
난 아무것도 망치지 않아
난 왼손잡이야

– 패닉의 노래 '왼손잡이'(1995) 중에서

오른손잡이가 대세인 세상에서 왼손잡이들은 늘 삐딱한 시선에 시달려야 했다. 밥 먹을 때는 오른손잡이와 부딪쳐 눈치 보였고, 밥상머리에서 왼손을 사용하면 부모님은 강제로 오른손에 숟가락을 쥐어주었다. 오른손은 '옳은 손'이고, 직장에서 직급이 떨어지면 왼 '좌'를 써서 좌천된 것이라고 했다. 가위나 에스컬레이터 버튼도 오른손잡이 전용이다. 왼손잡이는 "고집이 세다"는 말도 있다. 백 명 중 열한 명꼴인 왼손잡이는 이와 같은 부정적인 시선으로 개조(?)당해 20대 이상의 성인이 되면 백 명 중 네 명 미만으로 그 수가 줄어든다. 레오나르도 다빈치, 미켈란젤로, 알렉산더 대왕, 나폴레옹, 베토벤, 아이작 뉴턴, 니체 등은 모두 왼손잡이였다. 왼손잡이에 대한 편견과 차별은 아직도 우리 사회에 남아 있다. 하지만 사람들은 소수에 주목하지 않는다.

남자와 여자는 엄연히 생물학적으로 다르다. 그 차이는 뿌리 깊은 유교 사상과 함께 차별적으로 존재했다. 몇십 년 전만 해도, 여자는 살림살이만 잘하면 된다며 대학에 보내는 걸 낭비라고 생각했다.

학교를 졸업하고 성인이 되면 차별은 더욱 뚜렷해진다. 맞벌이 부부가 많은 요즘에도 임산부는 채용, 승진, 해고에 있어서 차별 대상이다. 결혼을 하고 직장 일을 계속하면서 아이를 안 낳으면 이기적인 태도라고 질책하곤 한다. 하지만 아이를 낳으면 가정 일보다 회사 일이 우선이

냐며 양육에 무책임하다고 비난한다. 여성의 사회 참여는 많이 늘었지만 집안일은 여전히 아내 몫이고, 남편은 가사를 도와주는 보조적인 입장이라는 사실은 쉽게 깨지지 않는다.

차이 : 서로 같지 아니하고 다름. 또는 그런 정도나 상태.
차별 : 둘 이상의 대상을 각각 등급이나 수준 따위의 차이를 두어 구별함.
- 국립국어연구원

차이는 인정하지만, 차별은 없애는 것. 나와 너의 다름을 인정하고 이해하지만 그것이 기회와 결과를 박탈하는 차별이 되어서는 안 된다는 것이 평등이다. 하지만 성정체성, 국가, 학력, 가족 형태 등이 대다수의 사람과 다르다는 이유로 차별하는 것 또한 오늘날의 현실이다.

차이에 대한 왜곡된 인식은 아이들의 교육 환경 또한 왜곡했다. 지금 우리 사회에서 학교 교육의 궁극적인 목표는 명문대 입학이다. 명문대 입학에는 특목고, 특목중이 유리하다. 그리고 특목고, 특목중 입학을 위해 일류 학원을 찾는 시스템으로 이어진다. 방학에는 틈나는 대로 3주간 짧은 영어 연수를 다녀온다.

틀에 짜인 교육이 싫은 부모는 목돈을 마련하거나 기러기 아빠가 되어 자식을 유학 보내기도 한다. 대한민국을 벗어났다고 해서 그들의 사고 또한 바뀐 건 아니다. 아이들이 유학을 가서도 기초 학문은 외면하고 의대, 법대만을 선호한다. 한국 학생이 우수하다고 하지만 결국 그 틀을 깨지 못하고 마는 것이다.

다름을 이해하지 못해 벌어지는 차별은 아이들에게 상처를 남긴다.

일률적인 가치를 지향하는 교육은 삶의 정답을 제시하지 못한다. 인류 역사를 살펴보면 다름 속에서 위대한 발견이 이루어지곤 했다. 하지만 우리는 쉽게 그것을 잊곤 한다. 지금 이 시대, 우리 아이들에게 보여주고 있는 교육의 자화상은 어떤 것일까?

세상의 편견 뒤집기

잘 그린 그림은 어떤 그림일까? 역사적으로 유명한 예술 작품들은 사물을 보이는 대로 똑같이 묘사해야만 잘 그린다고 말하지 않는다. 입체파를 탄생시킨 피카소의 그림은 비상식적으로 옆모습의 코와 정면의 얼굴이 하나의 화폭에 들어가 있다. 팝 아트의 제왕인 앤디 워홀의 작품은 실크 스크린 기법으로 공장에서 대량 생산한 복제품 같다는 혹평을 들었다. 하지만 이들의 작품은 예술은 순수하고 고상해야 한다는 편견에서 벗어나면서 독자적인 화풍을 개척하고, 미술사에 큰 발자취를 남겼다.

피카소와 앤디 워홀의 창의성은 당연히 이렇게 그려야 한다는 틀을 깨는 것부터 시작한다. 해는 빨간색, 나뭇잎은 초록색, 하늘은 파란색이라는 고정관념은 네모 모양의 사과나 노란색 하늘을 고치라고 한다.

창의성이 요구되는 미술에서도 획일적인 가치가 존재하는 것이다.

․․․

감각으로 사물을 표현하는 아이들.
보지 못하지만 남보다 뛰어난 감각을 가지고 있다.
차이는 특별함을 가져오기도 한다.

자화상 그리기

시각장애 학생들이 공부하는 어느 맹학교의 나를 그려보는 시간이다.
"이제 자기 몸을 그려볼 거예요. 자기 몸에 있는 점이나 흉터에서부터 시작해서 자기 얼굴이나 몸을 머릿속에서 상상해보세요."
한 번도 보지 못한 자기 몸을 아이들은 어떻게 기억하고 있을까?
자기 얼굴을 만지는 현주의 손길을 도와 선생님이 설명했다.
"이마에서부터 코가 이렇게 내려 왔고, 입술이 있고, 턱이 있어. 그런데, 이 턱에 흉터가 있어. 어렸을 때 여기를 이렇게 다쳤지. 그리고 머리카락이 턱 있는 곳에서 끊어지네."
가만히 손을 맡기고 선생님의 설명을 듣던 현주가 수줍게 웃었다. 보라색 크레파스를 쥔 손에 힘이 들어가더니 스케치북에 커다랗게 동그라미를 그리기 시작했다. 왼손으로 더듬더듬 거리를 가늠하고는 눈과 코, 입을 차례대로 그린다.

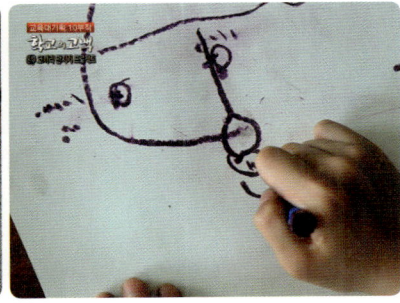

자신의 얼굴을 더듬어 한 번도 보지 못한 자신을 표현하는 아이.

내가 나인 줄 어떻게 알까? 사람들은 거울에 비친 자신의 익숙한 얼굴을 떠올린다. 외꺼풀 눈에 두툼한 입술이라든지, 계란형 얼굴에 오똑한 코라든지, 날씬한 혹은 통통한 자기 몸을 묘사할 수 있다. 하지만 시각장애가 있는 이 아이들은 자신이 어떻게 생겼는지를 모른다. 눈썹이 진한지, 입술이 얇은지, 어디에 어떤 흉터가 있는지도 모른다. 아니면 누가 전해주는 대로 상상할 수밖에 없다. 하지만 "너 이렇게 생겼어"라고 자신의 생김새를 자세하게 전해주는 사람은 없다. 부모님은 그저 잘생겼다고 할 뿐이다.

미술은 오감의 산물이다. 시각은 그 오감의 일부이다. 미술은 시력 여부에 관계없이 누구나 할 수 있는 일이지만, 지금껏 시각장애 학생은 단지 안 보인다는 이유만으로 미술 교육에서 소외되어 왔다.

"안 보이는데 그림을 그릴 수 있다고요?"
"맹학교에도 미술 수업이 있어요?"
"안 보이는데 쓸데없이 미술은 뭐하러 해요. 그 시간에 영어나 안마를 하지……."
"안 보이는데 사진까지 찍는다고요? 그건 난센스 아니에요?"

세상의 편견은 다름을 인정하지 않는 데서 온다. 장애에 대한 시선도 다름을 인정하지 않는 세상의 뿌리 깊은 편견에서 온다. 보지 못하면 예술을 할 수 없다는 생각도 이러한 편견에서 시작된다.

안 보인다는 이유로 미술 교육에서 제외된 시각장애 학생들이 가장 자기답고 창의적으로 자신을 표현하는 길이 미술에도 있었다. 나무를

봐야 그 색깔을 표현하고 모양을 그릴 수 있는데, 시각을 통제 당한 아이들은 미술을 어떻게 할까?

"뭐랄까, 일단은 느낌으로요."
"손으로 만지는 것밖에 없는 것 같아요. 재료마다 느낌도 다르고요. 종이에 그려 놓은 것은 잘 만져 보면 느낌이 나잖아요. 그런 것으로 알 수 있는 것 같아요."
"(색깔은 어떻게 구분할 수 있느냐고 묻자) 밝기, 어두움과 환함, 그리고 시원함과 따뜻함."
"그냥 모양을 상상한 다음에 동그라미면 동그라미로 그리고, 그런 식으로 그려요."

볼 수 없으면 그릴 수 없다는 건 편견에 불과하다. 그 기회를 만난 아이들은 그들의 작품에서 기대 이상의 집중력과 창의력을 드러냈다.

16년간 시각장애 학생들과 미술 작업을 해온 엄정순 화가는 그림을 그리는 건 "보이거나 안 보이거나 상관없다"고 말한다. 태어나서 한 번도 자신의 외모를 보지 못한 아이들의 자화상 그리기도 마찬가지다. 자신을 잘 그리기 위해서는 잘 보는 게 아니라 자신을 스스로 느낄 수 있어야 한다. 머리에서부터 턱까지 어떻게 끝나는지 자신이 자신을 느끼면 된다. 손으로 '보는' 아이들은 손이 기억하는 대로 자신의 모습을 그린다.

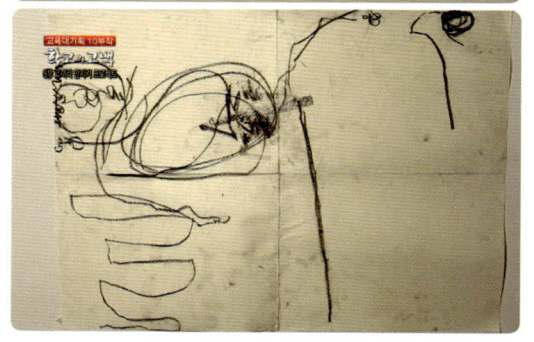

· · ·

〈아이들이 그린 자화상〉

미술은 오감의 산물이다. 시각은 그 오감의 일부이다.
시각을 통제 당한 아이들은
손으로 빛으로 소리로 자신의 모습을 바라본다.

사진 찍기

처음으로 사진기를 만지는 아이들에게 선생님은 작동법을 가르쳐 줬다. 피사체를 보고 사진 앵글을 잡는 게 아니라 눈을 제외한 다른 감각을 이용해 사진을 찍는다.

민주는 사진기를 계속 얼굴에 대고 채현이는 사진기를 만지는 것에 여념이 없다. 원중이는 그만두라고 할 때까지 계속 셔터를 눌렀다. 사진기 앵글에서 이탈한 피사체들은 저마다 독특한 개성을 뽐냈다. 한 아이가 대표로 반 단체 사진을 찍었다.

"하나, 둘, 셋"

찰칵! 반 아이들이 사진에 들어왔다. 이 아이들이 본 세상이다.

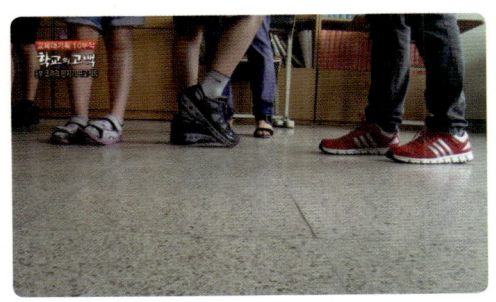

미국의 교육심리학자인 토랜스 Paul Torrance는 "창의성이란 더 깊게 파고, 두 번 보고, 귀로 냄새를 듣고, 고양이에게 말을 걸어보고, 들여다보기 위해 구멍을 뚫고, 태양에 플러그를 꽂는 것"이라고 했다. 귀로 냄새를 듣고 고양이에게 말을 거는 것을 비상식적이라고 탓할 수 있을까?

사물을 편견 없이 그대로 보면 시야가 넓어지고 그 속에서 다양한 생각들이 꽃을 피운다. 초록 괴물은 무섭다는 편견이 깨지자 초록 악동 '슈렉'이 탄생했고, 야수의 외모에 대한 편견이 깨지자 그의 따뜻한 마음이 보였다. 붙였다 떼었다 하는 포스트잇은 초강력 순간 접착제 개발에 실패하면서 생겨난 발명품이다.

편견은 '잘 모르는' 어떤 집단이나 사람, 사물에 대한 근거가 빈약한 데서 생긴다. 사전 지식이 없고 경험을 하기 전에 생긴 섣부른 감정이나 평가이기 때문이다. 편견은 긍정적이기보다는 부정적인 감정이 주를 이루기 때문에 집단적으로 편견을 가지면 그것은 사회 문제로 발전하기도 한다.

아이들에게는 무수한 재능이 잠재되어 있다. 편견 없이 아이의 잠재성과 개성을 인정하고 존중하면 세상의 보편적인 고정관념을 깨는 놀랄만한 재미있는 작품이 탄생한다. 시각장애 아이들의 사진 찍기 또한 보는 것에 의존한 결과와는 다른 파격적인 앵글 덕분에 재미있는 작품으로 탄생했다.

이런 사실은 비단 시각장애 아이들에게만 해당되는 게 아니다. 아이에게 맞는 적절한 동기를 주고 자극하면 아이들은 폭발적인 재능을 발휘한다. 어떤 문제를 해결할 때 반드시 한 가지의 정답이 있는 건 아니다. 더 좋은 방법이 있다는 신념을 가지면 허를 찌르는 아이디어도 샘솟는다.

다른, 그러나 같은

형락이의 하루

아침에 일어나 아침밥을 먹고, 씻은 다음에 옷을 입고 학교에 간다. 0교시 수업하고 20분 정도 있다 1교시 수업 시작, 수업 끝나고 10분 쉬는 시간. 보통 7교시에 끝나지만 가끔 방과후 수업을 할 때가 있다. 야자까지 마치고 집에 돌아오면 숙제하고 저녁 먹고 좀 놀다 보면 하루가 후딱 지나간다.

형락이의 하루는 평범한 학생들과 다를 바 없어 보인다. 그러나 형락이는 일반 학생들과는 좀 다르다. 시각장애인이기 때문이다. 다니는 학교도 시각장애인을 위한 맹학교다. 형락이는 태어날 때부터 전맹이었다. 겨우 빛만 구분한다. 그런 형락이에게 본다는 건 어떤 의미일까?

"저는 '손'으로 만지는 걸 '보는' 것으로 생각해요."

형락이의 친구들도 형락이와 마찬가지로 시각장애인이다. 형락이의 친구 민서도 평범한 학생들과 비슷한 하루를 보내지만, 더 깊이 들어가면 이야기가 달라진다.

현주는 쌍둥이다. 민주보다 1분 일찍 태어났다. 현주와 민주는 수업이 끝나면 학교 기숙사로 간다. 매일 가는 익숙한 길이지만 걷다가 의외의 장애물에 부딪치는 일이 많다. 다치는 걸 방지하기 위해 책상 모서리나 서랍 등 뾰족한 곳에는 테이프를 두툼하게 붙여두어야 한다. 둘이 실랑이를 하다 그만 책상 서랍에 붙인 시트지가 떨어지고 말았다. 서로 티격태격하던 자매는 테이프로 봉합하기로 했지만, 한참을 애쓰다 "힘들어!" 한 마디를 하고는 항복 선언을 했다. 이번에는 책상에 나란히 앉아 숙제를 시작했다. 점자정보단말기로 글을 읽고 점자판에 점필로 글을 쓴다. 날이 저물어 어느새 방이 어둑해졌지만, 누구 하나 방에 불을 켜지 않는다.

둘은 지난해 처음으로 떨어져 있었다. 민주가 폐렴에 걸려 병원에 입원했기 때문이다. 그 기억을 현주는 "완전히 쓸쓸했다"고 말했다. 말로는 약 올릴 친구가 없어서 섭섭한 거라지만, 잘 때도 혼자, 학교 갈 때도 혼자, 추석을 끼고 10일 정도 혼자 있었던 기억은 섭섭함으로는 모자라다.

학교에 다니는 게 재미있다는 원중이 또한 신종 플루에 걸려 집에 혼자 있었던 열흘을 기억한다. 그때만큼 심심했던 적이 없었기 때문이다. 원중이는 태어날 때부터 눈이 나빴던 건 아니었다. 어렸을 때 위층에서 떨어져서 수술을 했는데, 그 수술 결과가 좋지 않았다. 그런데도 원중이는 '다' 보인다고 한다. 사실은 색은 구별할 수 없고 형체만 흐릿하게 보인다. 수술한 부위를 만지면 지금도 아프다. 하루를 어떻게 보내느냐고 물어보자 원중이가 갑자기 노래로 화답했다. "술래잡기 고무줄 놀이/ 말뚝박기 망까기 말타기/ 놀다 보면 하루가 너무 짧아." 이게 딱 자기 마음이라고 했다. 놀다 보면 하루는 너무나 짧다! 세상에서 노는 걸 가장 좋아할 것 같지만 그건 아니다. 엄마가 집에 가자고 학교에 올 때가 가장 좋다. 그때 원중이의 심장은 쿵쿵쿵쿵 뛴다.

무남독녀인 세영이는 반에서 시력이 좋은 축에 속한다. 하지만 학교는 아직까지 무섭다. 싫어하는 과목은 국어. 쓰기가 싫기 때문이다. 세영이는 학교가 여기가 처음이 아니다. 5학년 때까지는 일반학교에 다녔다. 짓궂은 아이들이 세영이를 괴롭히고, 넘어뜨리고, 흙을 던져서 괴롭힘을 피해 전학온 지 몇 개월이 채 되지 않았다.

학교의 터줏대감인 채현이는 다섯 살에 이 학교에 처음 왔다. 지금은 6학년이니, 벌써 학교에 다닌 지 7년째다. 사람의 인상을 채현이는 목소리로 판단한다고 했다. 하지만 혼자 있는데 누군가 다가오는 건 무섭다. 왜 그런지 모르겠지만 자동차가 오면 혹시 '강도 아니야?'라는 생각부터 든다.

이 아이들은 모두 시각장애가 있다. 태어나자마자 장애를 가지고 태어난 아이도 있고, 남과 다를 바 없이 생활하다 점차 세상과 동떨어진 아이도 있다. 맹학교에 들어온 지 몇 년은 됐지만 학교가 어떻게 생겼는지는 모른다. 교실 크기, 뒤에 붙은 게시판, 선생님 탁자, 책상과 의자 이런 것들을 간단히 설명하기가 쉽지 않다. 다만 공간이 넓다는 정도

만 어렴풋이 알 뿐이다. 친구와 선생님은 목소리로 구분을 한다. 무엇이든 만져보고, 소리를 듣는데 생활하면서 가장 유용한 건 소리다. 만지는 것보다 소리가 더 많은 정보를 확보할 수 있기 때문이다. 하지만 소리는 더 많은 상상을 필요로 한다. 소리를 듣고 예상했던 것이 만져보고서 느낌이 달라지는 경우가 많다. 동물원에서 원숭이 소리만 듣고 몸집이 클 거라고 짐작했다가 직접 만져보고 생각보다 작아서 놀랐던 경험도 있다.

이 아이들의 꿈은 무엇일까? 장애는 불편할 뿐이라고 말하지만, 장애가 혹시 아이들의 꿈을 가로막는다고 생각하지는 않을까?

꿈을 말하다

"저의 꿈은 동화 작가입니다. 동화를 쓸 수도 있고 소설을 쓸 수도 있어요. 『별 볼 일 없는 4학년』이라는 책을 정말 좋아해요."

"저의 꿈은 거대 사업체를 운영하는 것입니다. 컴퓨터 프로그램을 운영하는…. 많은 수익을 거두면 맹학교, 부모님이 없는 고아들을 위한 고아원, 복지관 등에 기부하고 싶습니다."

"경찰이 되고 싶어요. 나쁜 사람들도 신고할 수 있고 착한 사람들을 구할 수 있으니까요. 아주 어렸을 때부터 꿈이 바뀌지 않고 계속 경찰이 되고 싶었어요. 그런데 꿈이 빨리 이루어지지 않을까봐 걱정이에요."

꿈이 무엇이냐고 물었을 때, 아이들은 머뭇거리지 않고 구체적으로 답했다. 언젠가 이 아이들도 학교를 졸업하고 사회에 나갈 것이다. 꿈 앞에서는 누구나 평등하다. 누구나 꿈을 꿀 수 있다. 그러나 실천 없는 꿈은 꿈으로 끝난다. 꿈을 현실로 만드는 건 결국 장애가 있느냐, 없느냐가 아니라 도전 의지의 문제다. 막연하기만 한 꿈이 아니라 아주 구체적이고 현실적인 꿈이다. 아이들에게는 그 구체적인 꿈이 머릿속에 닿아 있는 듯했다.

손으로 느끼는 세상

대부분 장애를 부족함이라고 생각하지만, 가까이서 지켜본 사람들은 예민함이라고 말한다. 그 차이를 이해하지 못하면 아이들은 모든 교육에서 소외되고 만다. 미술만 해도 그렇다. 시각장애 학생들은 보지 못하는 대신 소리와 촉감에 민감하다. 그 민감함을 이해하고 다시 기회를 주면, 숨겨진 재능이 드러난다. 잘 보지 못하는 대신, 다른 면에서 뛰어난 재능을 발휘하는 이야기들도 우리 주변에 많이 있다.

문제는 예민함을 이해하지 못하고 보편적인 교육의 잣대에서 평가할 때 생긴다. 꼭 장애뿐만이 아니다. 공부는 서툴러도 축구는 잘할 수 있는데, 선생님과 부모 대다수는 공부의 잣대로 아이를 평가한다. 그러다 보니 그 아이는 부족함이 많은 문제아로 보인다.

야외 수업, 세상으로 걸어가는 길

좁은 교실에서 바깥으로 나왔다. 선생님이 채현이와 현주에게 길에 핀 벚꽃잎을 건네주었다. 스무 개 넘게 잘게 붙어 있는 분홍꽃잎을 아이들은 손으로 부드럽게 만졌다. 길과 길의 경계에 있는 담벼락도 만졌다. 거칠거칠하고, 홈이 파인 담벼락이 예사롭지 않은가 보다. 현주가 물었다.

"선생님, 여기에 뭐라고 써 있어요?"

"그냥 담벼락이야. 시멘트 벽. 홈이 파여 있는데 거기에 꽃잎들이 모여 있어. 꽃 이파리가 잔뜩 있지?"

옆에 있던 채현이가 담벼락 위에 심어놓은 잔디를 들췄다.

"여기 벌려 보세요. 이불 같아요, 이불."

밖에 나오면 손에 닿는 모든 것이 새로운 세상이다.

198

손으로 느끼는 세상은 언제나 새롭다. 선생님의 도움을 받아가며 한 걸음씩 조심스럽게 앞으로 나아가는 아이들은 어느 것도 그냥 지나치지 못하고, 만지고, 냄새 맡고, 들어보았다. 이렇게 새로운 체험은 살아 있는 공부가 된다.

거리를 지나 육거리 종합시장에 도착했다. 없는 것 빼고 모든 게 다 모여 있는 시장이다. 제사상에 올리는 부침개와 족발집의 냄새가 가장 먼저 코를 파고든다. 어른들이 입는 고무줄 바지도 처음으로 만져보고, 한 묶음씩 뭉텅이로 파는 토시도 끼어봤다. 어른용이라 좀 헐렁하지만 감촉은 좋다. 떡집 아주머니는 방금 뽑아 김이 모락모락 나는 가래떡을 떼어 인심 좋게 아이 입에 하나씩 넣어주었다. 지금까지 먹었던 떡의 맛과는 또 다른 새로운 맛이다. 약국 냄새를 좋아하는 형락이를 위해 약국 앞에서도 멈췄다.

시장을 지나 횡단보도를 건넜다. 후각에 의지하던 아이들은 청각과 촉각을 곤추 세웠다. 횡단보도의 노란 선과 보도블록의 느낌은 좀 다르다. 시멘트로 만든 보도블록이 좀 더 단단하다. 선생님은 그 촉감의 차이를 잘 기억하라고 하고는 학교까지 보도블록을 따라 걷게 했다. 헤매지 않고 잘 가던 아이들이 갑자기 이탈했다. 혼자 딴 길로 새어버린 채현이를 예림이와 형락이가 뒤따르면서 생긴 사고다. 몇 번의 탈선 사고는 있었지만 아이들은 성공적으로 학교에 돌아왔다. 다시 익숙한 길이 시작되는 지점이다. 오늘은 새로운 길이 익숙한 길과 만났다.

걷는 데에는 목적지가 있다. 그래서 사람들은 목적지를 향해 빨리 걷는 데 익숙해져 있다. 아무 생각 없이 목적지만을 향해 걷는다. 그러나 눈이 불편한 아이들에게 걷기는 익숙함과는 거리가 멀다. 아이들 몇 명은 길을 걷는 게 무섭다고 했다. 갑자기 자전거가 다가오거나 움푹 파인 홈이 있는 길이 나오면 대처할 수가 없기 때문이다. 길을 가다가도 빈번하게 사고가 난다. 그나마 오늘은 친구들과 선생님이 있었기 때문에 용기를 낼 수 있었던 것일지도 모른다. 학교를 벗어나 한 시간 반 남짓을 걷는 동안 꽃잎도 만져보고, 보도블록도 만져보고, 땅바닥에도 앉아보고, 꽃가게에도 들러보던 아이들은 이 경험이 신기하고 재미있다고 했다.

하지만 진짜 재미는 이제부터다.

지도 그리기

"네가 갔던 기억을 되살려서 혼자 가는 거야. 아까는 선생님과 같이 갔는데 이제는 혼자 가는 거야."
크레용이 두 다리가 되었다. 기억이 남는 길은 수많은 동그라미를 남기고, 스쳐지나간 곳은 선을 남겼다. 희미한 선과 굵은 선이 교차하고, 원과 곧은 선이 만난다.
처음 그리는 나만의 지도다. 지도는 벚꽃 핀 골목길을 지나 자동차가 많이 지나는 큰길을 걷다가 병원을 지나고 신호등이 있는 횡단보도를 건너 세상 속 모든 물건이 있는 시장 속으로 들어갔다.

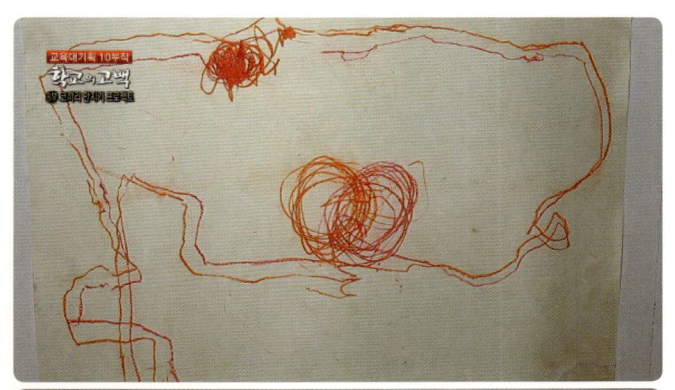

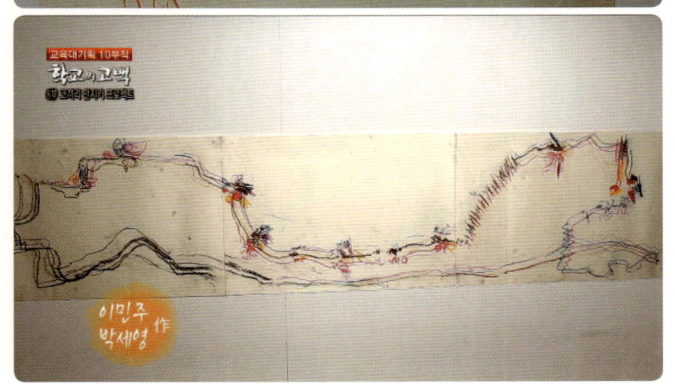

. . .

기억이 남는 길은 수많은 동그라미를 남기고,
스쳐지나간 곳은 선을 남겼다.

색색의 지도에는 아이들 저마다의 기억이 숨어 있다. 발자국과 냄새와 손 끝으로 전해졌던 기억들이다.

채현이의 지도에는 동그라미가 많다. 잊히지 않는 굵직한 기억은 동그라미가 크다. 가장 큰 동그라미는 시장에 있는 트로트 가게다. 흥겨운 트로트 음악에 원중이가 신나게 몸을 흔들어 한참 웃었다. 그냥 가자고 끌어도 원중이는 음반을 사고 싶다며 "원, 투, 쓰리, 포"를 외치고 막무가내로 춤을 추었다.

형락이는 꽃집에 동그라미를 수없이 겹쳐 그렸다. 손을 닦느라고 가장 오래 머물렀던 곳으로 기억한다. 그날따라 날이 무더워 짜증도 많이 냈다. 짜증이 났던 길은 그 기분처럼 꾸불꾸불하다.

민주의 지도는 규모에서부터 친구들을 압도했다. 그리다보니 지도가 커졌다고 한다. 그만큼 민주는 친구들보다 더 세밀하게 기억한다. 햇볕을 고스란히 받아 뜨거웠던 곳은 빨간색이 되었고, 천장으로 햇볕을 막아준 시장은 파란색 선이 되었다. 장래에 슈퍼마켓 주인이 되고 싶다는 민주는 파는 물건의 종류도 많고 사람을 많이 만날 수 있었던 시장이 기억에 남는다고 했다.

현주가 그린 지도는 다른 아이들의 것과는 다르다. 군데군데 점이 빼곡하게 박혀 있다. 벚꽃을 구경하다가 얘기를 나누었던 길이다. 목적지에 가는 걸 멈추고 잠시 쉬었기 때문이란다.

우리나라의 교육은 입시 교육으로 통한다. 성적 입시를 통해 대학에 진학하는 게 정해진 코스다. 이와 같은 획일적인 교육 제도가 창의성을 저해시키고 다양한 기회를 가로막는다고 비판하지만, 그러면서도 아직 입시 교육의 근간은 흔들리지 않고 있다. 입시 위주의 교육으로 보면 시각장애 학생들의 야외 수업은 학습 시간에 대비해 학습량이 적은 소모적인 방식으로 생각되지만 일선 학교에서의 실제 평가는 다르다. 실패와 성공의 경험을 하는 체험 학습이 창의적인 사고와 자기주도성을 높인다고 알려지면서 학교마다 각종 체험 프로그램을 도입하고 있다.

경기도 판교에 있는 한 초등학교. 학교의 수업은 정해진 교과서가 없고 선생님의 강의도 거의 없다. 교과서가 없는 대신 학습 주제가 정해지면 관련 도서를 읽고 토론을 하며 스스로 배울 내용을 알아간다. 선생님은 강의 대신 토론 주제를 내주고 아이들은 모둠 활동을 놀이처럼 즐긴다. 새로운 공교육의 모델로 기대를 한 몸에 모으는 이 학교는 대표적인 혁신학교로 손꼽히는 보평초등학교다. 최근에는 교육열 높은 부모가 이곳에 대거 몰리면서 주변의 땅값도 오르고, 근교 아파트도 높은 청약률을 보이고 있다고 한다.

2009년 3개 교로 시작한 혁신학교가 4년 만에 전국적으로 448개 교로 늘었다. 창의적이고 주도적인 학습으로 공교육을 정상화시키자는 취지에서 도입된 혁신학교의 특징은 획일적인 교육 제도에서 벗어나 학습자 중심의 새로운 틀로 운영되고 있다는 점이다.

다르게 생각하기

세계적으로 큰 족적을 남긴 사람들을 살펴보면, 생각이 다른 사람들이 많았다. 샤넬은 다르다 못해 파격적이었다. "남들과 다르게 생각하는 것을 두려워마라. 특별한 것은 남들과 다른 생각에서 나온다"는 그녀의 말처럼 샤넬은 다른 사람들과 전혀 다른 시선으로 세상을 바라보았다. 패션 혁명가라고 불리며 디자이너로서 성공할 수 있었던 비결도 여기에 숨어 있다.

샤넬이 활동하던 20세기 프랑스의 패션은 무조건 남자는 바지, 여자는 치마였다. 여성들은 발목까지 내려오는 롱드레스, 코르셋으로 꽉 조인 허리, 커다랗고 화려한 모자로 여성성을 한껏 드러냈다. 옷은 입는 게 아니라 자기 개성을 표현하는 도구로 여겼던 샤넬은 보란듯이 남성의 전유물이었던 마부의 스웨터에 승마 바지를 입고 나타났다. 누구보다 여성들의 반응이 폭발적이었다. 그 옷차림을 보고 사람들은 편하고 활동적인 바지로 여성의 몸에 자유를 주었다며 환호했다.

세상은 점과 선에서 시작된다

"점과 선 들어본 적 있어?"
"점이 있으면 만질 수 있다."
"맞아요. 점은 톡 튀어 나왔기 때문에 만질 수 있죠. 또?"
"마음의 점."
굉장히 문학적인 표현이다.
"다르게 표현할 수 있는 사람 있어요?"
"아, 점자요."

점과 선은 미술의 가장 기본 요소다. 점이 모이면 선이 되고, 선이 모이면 면이 된다. 점 세 개를 이으면 삼각형이 만들어지고, 점 네 개를 이으면 사각형이 만들어진다. 점과 선이 있으면 표현할 수 있는 사물 또한 무수히 많다. 그런데 점과 선을 촉감으로 느낄 수 있을까? 우리 피부에 돌출된 까만 점은 말 그대로 점이다. 엘리베이터 버튼은 큰 점이다. 나뭇가지는 무수한 점과 선의 집합체다. 손으로 훑으며 지나가는 긴 가지의 선이고, 손가락으로 뾰족한 가지 끝을 누르면 점이 생긴다.

비장애인은 익숙하지 않지만 점은 시각장애인에게는 세상을 보는 눈과 다름없다. 점자로 세상을 읽기 때문이다. 종이에 도드라진 점을 일정한 방식으로 조합한 점자는 양각된 작은 여섯 개의 점으로 모든 문자를 표현한다. 점과 선은 미술이 아니라 한글처럼 생활의 기본 요소가 되는 셈이다.

점과 선을 정의하는 말 중 하나가 2차원이다. 아이들은 이를 입체적으로 받아들여 새롭게 정의한다. 새로운 해결책을 원한다면 지금까지의 정답에서 벗어나야 한다는 말이 있지 않은가. 발상을 전환하면 새로운 아이디어와 만난다. 같은 것을 다른 생각으로 들여다보고 새로운 시선으로 바라보려는 노력이 아이들을 무한한 가능성으로 이끈다.

익숙한 것으로부터 벗어나는 것은 결코 쉬운 일이 아니다. 하지만 절대 불가능한 일도 아니다. 기존의 익숙함을 제거하면 늘 새롭다. 그 새로움에서 예상치 못한 결과물이 나온다. 바로 수천 년 동안 속박당해온 여성의 몸에 자유를 준 샤넬처럼 말이다.

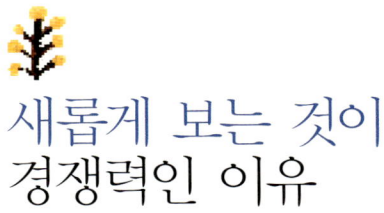

새롭게 보는 것이
경쟁력인 이유

코끼리 만지기 프로젝트

〈장님 코끼리 만지기〉라는 이야기가 있다. 열반경에 나온 군맹무상 群盲撫象에서 유래한 우화다. 큰 줄거리는 이렇다. 앞을 보지 못하는 여섯 사람이 코끼리를 만져보고 어떻게 생겼는지 말했다. 상아를 만진 이가 말했다. "무처럼 생겼습니다." 귀를 만진 이는 곡식을 까부르는 키라 하고, 다리를 만진 이는 기둥이라고 하고, 머리를 만진 이는 돌이라고 하고, 꼬리를 만진 이는 끈이라 하고, 배를 만진 이는 바람벽이라고 했다. 일부만 보고 전체인 듯이 주장한다는 말로, 전체를 보지 않고 부분만 보고 판단해서는 안 된다는 교훈으로 많이 쓰인다.

하지만 그 교훈에는 시각장애인들을 향한 세상의 편견이 담겨 있다.

말 그대로 '보이지 않아도 코끼리를 알 수 있다'는 것은 불가능한 일일까? 코끼리 만지기 프로젝트는 그렇게 시작되었다.

불행하게도 한반도에서 코끼리는 비운의 상징이다. 우리나라에 코끼리가 들어온 시기는 조선 시대.『조선왕조실록』에는 우리나라 최초의 코끼리에 대한 이야기가 나온다.

"일본 국왕 원의지源義持가 사자使者를 보내어 코끼리를 바쳤으니, 코끼리는 우리나라에 일찍이 없었던 것이다. 명하여 이것을 사복시司僕寺: 말과 가마를 관리하던 관아에서 기르게 하니, 날마다 콩 4·5두斗씩 소비하였다."

1411년에 들어왔으니, 지금으로부터 600여 년 전의 일이다. 처음 본 코끼리는 신기하기보다는 식량만 축내는 애물단지였다. 바나나를 좋아하고 과일을 좋아하는 코끼리에게 갈대를 베어서 먹이고 메주콩을 삶아먹였다. 음식이 바뀌자 본의 아니게 단식을 하게 된 코끼리가 화가 나 종을 발로 차 죽이는 사건도 생겼다. 왕이 바뀌어 세종 임금이 왕위 자리에 올랐다. 뒷감당이 안 된 지방 관찰사들은 왕에게 호소를 했고, 왕은 코끼리를 이곳저곳으로 옮겼다. 전라도에서 충청도로, 경상도로 옮겨 다니던 코끼리는 그 이후 더 이상 역사 속에 등장하지 않았다.

한반도 역사에서 늘 불행했던 코끼리는 현대로 훌쩍 넘어와 이방의 낯선 존재들과 교감하며 자신의 존재를 알리고 있다. 한 걸음 더 나아가, 이제 코끼리는 시각장애 아이들과 특별한 교감을 이루려고 한다.

동물원 여섯 곳, 코끼리 열한 마리

"네, 동물원이죠? 혹시 시각장애 학생들을 데리고 가서 코끼리를 만져보거나 먹이를 준다든가……. 아, 그런 것은 안 되나요?"
전화를 끊은 엄정순 선생님의 모습이 심각하다. 우리나라 어디에 코끼리가 있을까? 다시 심기일전해 전화를 걸었다.
"네, 아이들이 코끼리를 만져본다든가 먹이를 준다든가……. 위험해서 안 돼요? 예, 알겠습니다."
전국에 있는 여섯 곳의 동물원에 전화를 했지만 그때마다 관계자들은 코끼리를 만지는 건 위험하다며 난색을 표했다. 선생님의 시름도 깊어졌다.
"계속 거절인데 어떻게 하지?"

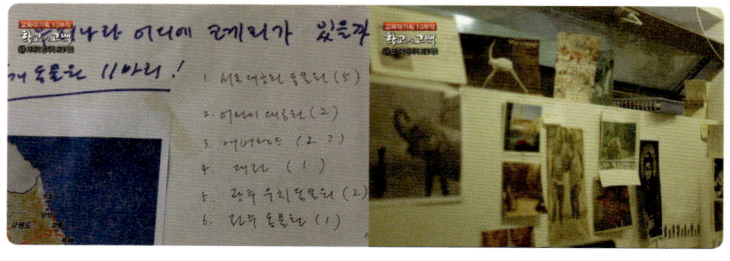

엄정순 선생님이 찾는 건 조금 특별한 코끼리다. 눈으로 보는 코끼리가 아니라 손으로 만질 수 있는 커다란 코끼리다. 우리나라 지도를 벽에 붙이고, 국내 6개 동물원의 위치와 주소도 크게 표시해두었다. 우리나라에는 6개 동물원에 11마리의 코끼리가 있다. 한 군데도 빼놓지 않고 동물원 여섯 곳에 전화를 했는데 모두 퇴짜를 맞았다. 또 헛걸음이다.

"지상에서 가장 큰 동물을 매우 가까이에서 냄새도 맡고 만져보고 오감으로 느껴본다는 경험이 아이들에게 나름대로 의미가 있을 것 같고요. 지금은 그냥 하나의 동물원 체험으로 끝날 수도 있지만 '아이들에게 평생 잊지 못할 하나의 추억이 될 수 있지 않을까' 이런 마음도 있습니다."

– 엄정순 선생님 (화가)

선생님은 동물원에 몇 번을 더 전화했다. 코끼리 체험이 가능한지를 물어보지만, 관계자들은 보는 건 상관없지만, 만지는 건 불가능하다고 대답했다. 마지막 남은 동물원에 희망을 걸었으나 역시나다. 되는 데가 한 군데도 없다.

그렇게 절망하는 사이, 우리나라 바깥에서 희망을 발견했다. 태국 치앙마이에 있는 코끼리 공원, '엘리펀트 네이처 파크Elephant Nature Park'다. 코끼리는 태국어로 '창'이다. 국민 대다수가 불교를 믿는 태국에서 창은 국가와 왕실을 상징하는 성스러운 동물이다. 원래 불교에서는 코끼리를 지구를 받치는 기둥, 세상을 밝히는 기둥이라며 신성시했다. 태국은 아시아에서 유일하게 독립을 유지했던 나라였지만 권력을 차지하기 위한 왕조와 군부의 전투는 끊이지 않았다. 이 태국에서는 전투가 벌어지면 코끼리는 맨 앞에서 위용을 부리며 기세를 장악했다. 그러나 전투가 끝나면 버려지거나 관광이나 쇼에 동원된 코끼리들이 수두룩했다. 코끼리는 사람과 '공존'하며 도움을 주었지만, 사람들의 호의는 끝까지 가지 못했다. 아프거나 다치기라도 하면 가차 없이 버려진 것이다. 여기 공원에 있는 코끼리도 그렇게 사람들에게 상처받은 동물들이다. 평범한 코끼리는 한 마리도 없다. 지뢰를 밟아 발을 다치고, 재미로 괴롭힘을 당하거나 학대받다가 구조됐다.

엘리펀트 네이처 파크에서 새로운 삶을 살아가고 있는 코끼리 가운데 일곱 마리는 눈이 보이지 않는다. 사람들이 재미 삼아 꼬챙이로 찌르거나 학대한 탓이다. 늙었다고 버려진 코끼리도 꽤 된다. 그렇게 만난 코끼리들은 엄마, 아빠, 또는 자식이 되어 서로 도우며 살아가고 있다. 보이지 않는 코끼리는 보이는 코끼리가, 약한 코끼리는 힘센 코끼리가, 서로 부족한 부분을 채워주며 가족이 되었다. 상처받고 버려진 코끼리들은 이곳에서 몸과 마음을 치유한 후에 자연으로 다시 돌아간다.

아이들은 여기 숲 속에 사는 코끼리들과 먹고 자고, 만지고, 목욕시키고, 함께 산책도 하며 보낼 수 있다고 한다. 그런데 지금까지 집과 학교를 벗어난 적 없는 아이들이 머나먼 해외까지 여행할 수 있을까?

밖으로 나가는 데는 용기가 필요하다. 꼬마였을 때 큰길에 혼자 남겨지면 길을 잃은 두려움과 무서움에 엄마를 찾으며 울었다. 익숙한 집과 학교에서 벗어나 세상 밖으로 나간다는 건 두려운 일이다. 그것도 보이지 않는다면 그 두려움은 배가 될 것이다. 민주는 밖으로 나가는 게 무섭기도 하지만 갈 기회도 별로 없었다고 했다. 나가보는 것은 아예 생각해본 적이 없다. 세영이는 집에서 가장 멀리 가본 곳이 대형마트라고 했다. 이 아이들이 태어나서 처음으로 비행기를 타고 하늘을 나는 여행을 하게 된다.

드디어 7월 둘째 주에 엘리펀트 네이처 파크로 떠나는 것이 정해졌

〈엘리펀트 네이처 파크〉

상처받은 코끼리들이 서로를 보듬어주며 살아가고 있다.

다. 미리 현지 답사를 해 관계자의 전폭적인 지지도 얻었고, 학교와 부모님의 허락도 받았다.

코끼리에 대한 생각

지상에서 가장 큰 동물. 우리는 코끼리를 이렇게 부른다. 앞을 보지 못하는 아이들은 땅 위 동물 중 가장 크다는 코끼리가 얼마나 큰지를 잘 모른다. 상상으로 가늠할 뿐이다. 세영이가 생각한 코끼리는 두 손을 살짝 벌린 정도. 고작해야 강아지 크기다. 현주는 몸집이 엄청 크다는 것만 안다. 코가 길다는 걸 아는 원중이는 코끼리 코가 두 팔을 활짝 벌린 것보다도 더 길다고 했다.

'코끼리를 만질 수 있을까?' 아이들에게 물어보았다. 민주는 태국에 가는 것도 무섭고 코끼리를 만지는 것도 무섭다고 했다. 코끼리는 크다고 하는데 그 크다는 게 얼마나 큰 건지를 몰라 두렵기만 하다. 형락이는 코끼리를 만질 수 있겠느냐는 말에 "네"라고 대답했다. 대답이 쿨하다. 채현이에게 도착하면 코끼리를 타보라고 하자 1톤이 넘는 코끼리를 타면 도로가 무너질지 모른다며 걱정했다. 원중이는 코끼리를 보살펴주고, 재워주고, 밥도 먹여주겠다고 했다. 다쳐서 못 걸으면 업어준단다. 코끼리가 진짜 무거울 거라고 경고했지만, 튼튼한 원중이는 그래도 괜찮다고 했다.

코끼리는 땅 위에서 가장 큰 동물이지만 아주 민감하다. 사람에게는 들리지 않는 작은 소리도 들을 정도로 청력이 뛰어난 대신 시력은 약하다. 대신 빛에 민감해 숲 속의 약한 빛도 잘 본다. 주름진 피부에는 온갖 벌레와 기생충이 기생한다. 작은 새들은 코끼리 등에 올라타 주름 사이에 있는 벌레들을 잡아먹는다. 코끼리는 새에게 먹이를 제공하고, 새는 코끼리의 몸을 청소하는 공생 관계다. 더울 때는 귀를 부채질하듯이 펄럭거린다. 열을 발산하고 체온을 조절하는 것이다. 강판 모양의 이는 입에 들어오는 것은 무엇이든 맷돌처럼 잘게 부순다. 하지만 코끼리는 초식 동물이다. 특히 단맛을 좋아해 파인애플, 호박, 바나나, 사과, 고구마를 잘 먹는다.

아프리카 코끼리의 경우 수컷은 몸무게가 5톤, 암컷은 3~4톤이다. 무리를 지어서 같이 살며, 새끼는 22달 동안 어미 배 속에 있다가 태어난다. 갓 태어났다고 해도 몸무게가 100킬로그램이다. 코끼리도 감정이 있다. 행복하면 귀를 펄럭이고, 화가 나면 코로 땅을 찬다. 야생의 코끼리는 20마리 이상 무리지어 서로 도우며 살아간다. 함께 위험을 극복하고, 사랑하는 법을 배우며 가장 코끼리다운 코끼리로 성장한다.

아이들은 그렇게 코끼리에 대한 이야기로 하루를 보내며 앞으로 만날 코끼리를 알아갔다. 이렇게 준비를 해도 태국에 가서 코끼리를 못 만질 수 있는 아이들도 있을 것이다. 그렇다고 해도 가까이에서 코끼리 냄새를 맡고, 자연을 느끼고, 날씨를 상상해보는 여러 가지 경험들이 아이들에게 큰 영감을 줄 것이다.

드디어 코끼리를 만나기 위해 3,428킬로미터나 떨어진 태국으로 향했다. 사람에게 상처받은 코끼리와 앞을 보지 못하는 아이들의 만남이다.

아이들은 무엇을 보았을까

태국에 도착했다. 우리나라보다 2시간 느린 태국은 우리나라보다 습도가 높아 더 덥게 느껴진다. 엘리펀트 네이처 파크에 여장을 푼 아이들은 우선 관계자에게 주의사항을 들었다. 사람들로부터 더 이상 상처 입히지 않으려는 관계자들의 배려다. 코끼리는 음식을 주면 코로 받아먹으므로 함부로 입에 먹이를 넣어서는 안 된다고 했다. 코끼리 입에 넣어주려다가 손을 깨물려 위험할 수도 있다. 한쪽 눈이 안 보이는 코끼리도 있고, 양쪽 모두 안 보이는 코끼리도 있으므로 옆으로 다가갈 땐 조심스럽게 다가가야 한다. 코끼리 정면에 서 있다가는 상아에 부딪히거나 코에 맞아 다칠 수 있으므로, 옆에 서야 한다는 말도 들었다.

아이들은 두려움을 떨치고 코끼리에게 손을 내밀 수 있을까?

코끼리를 만나다

뒷다리를 절뚝이며 코끼리가 다가왔다. 대현이가 조심스레 코끼리에게 바나나를 내밀었다. 손을 내밀기는 했지만 엉덩이는 쭈볏쭈볏, 자꾸 바깥으로 빠진다. 땅 위에서 가장 큰 동물에게 호의의 손길을 내미는 건 쉬운 일이 아니다. 옆에서 선생님이 "더 깊이, 조금 더 손을 뻗어"라며 주문을 했다. 대현이가 용기를 내어 바나나를 좀 더 앞으로 내밀었다. 순간, 코끼리가 그 긴 코로 바나나를 날름 채갔다. 성공한 대현이가 웃으며 펄쩍펄쩍 뛰었다. 절로 신이 나는 모양이다.

민주가 마주한 코끼리의 이름은 모아캄이다. 민주는 모아캄에게 줄 수박을 들고서도 차마 발이 떨어지지 않는 것 같았다. 보이지 않는 거대한 동물이 상상과 만나면 아주 위협적인 존재로 다가온다. 선생님이 걱정하는 민주를 다독이지만, 민주의 두려움은 커지기만 한다. 팔을 쭉 뻗기만 하면 되는데 그게 마음처럼 쉽지 않다. 성질 급한 코끼리가 그새 기다리지 못하고 코로 민주 손을 툭 쳤다. 깜짝 놀란 민주는 몸을 아기처럼 말다가 끝내 눈물을 보였다.

먹이를 주다가 울음이 터진 민주는 아직도 두렵기만 하다. 선생님 뒤에 숨어서 나올 생각을 않는다. 선생님이 민주 손을 제 손 위에 얹은 다음, 무서워하는 민주를 대신해 코끼리를 만졌다. 선생님이 느끼는 이 감촉을 민주도 느끼기를 바라는 마음이다. 하지만 무서움을 떨치지 못한

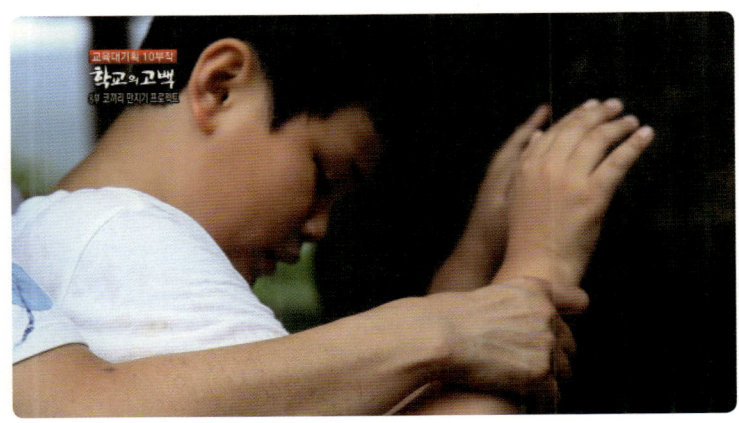

드디어 아이들이 코끼리 만지기 프로젝트에 도전했다.

민주는 또 다시 울음이 터졌다. 평상시에는 아주 활발하던 아이가 태국에서는 모든 것이 무섭고 두려운 연약한 소녀가 되었다.

민주에게 코끼리는 무엇으로 느껴졌을까? 엄정순 선생님은 코끼리를 '거대한 무엇'으로 표현했다. 조금씩 더듬어서 알아가고 있는 거대한 무엇. '무엇'은 어떤 사람에게는 종교일 수도 있고, 어떤 사람에게는 예술일 수도 있고, 또 다른 누군가에게는 사회일 수도 있다. 아직 어린 열두 살 민주에게 그 '무엇'은 감당하기 어려운 거대한 두려움일 것이다.

눈으로 보지 않고 느끼는 코끼리는 그 압도적인 존재감이 먼저 다가온다. 쿵쿵거리는 숨소리, 커다란 귀가 펄럭이면서 내는 미묘한 진동, 상상 속에서 이미 커질 대로 커진 거대한 몸. 그 존재감에도 흔들리지 않고 마주 보고 서 있을 수 있다는 건 자신감이 있기에 가능한 일이다. 비록 자신은 모르고 있다고 해도 말이다. 용감하게 코끼리를 만진 현주나 채현이, 형락이는 그렇게 자기 안의 두려움을 극복하며 다시 한 단계 부쩍 성장했을 것이다. 끝내 코끼리를 만지지 못한 민주도 실망하기는 이르다. 아이들이 먼 태국에 와서 느낀 경험들은 두고두고 남을 것이다. 당장은 거대한 무엇에 압도당해 꿈적 못하고 속상해하지만, 지금의 특별한 경험은 살아가는 데 단단한 내면의 힘이 될 것이다.

희망이 말을 걸다

아이들이 상상했던 코끼리가 저마다 달랐듯이 만지고 느껴서 알게 된 코끼리도 저마다 다를 것이다. 오늘 만난 코끼리의 모습을 아이들은 어떻게 기억할까?

태국 여행의 마지막날, 아이들은 코끼리를 만져본 느낌을 살려 찰흙으로 코끼리를 만들어보기로 했다. 조물조물, 철퍼덕 찰흙을 치대느라 신경을 빼앗긴 아이들에게 선생님이 설명했다.

"경험하고 냄새로 맡았던, 내가 직접 만난 코끼리를 만드는 거야. 실제 코끼리랑 똑같이 안 해도 돼. 나의 코끼리를 만든다고 생각하고 시작해보자."

아이들은 꼬마 작가가 됐다. 조물조물해서 두툼한 발도 만들고, 코도 길게 이어 붙인다. 장난기 많던 아이들도 진지하게 흙을 반죽하며 두드리고, 신중하게 주름 하나하나를 표현했다.

그렇게 세상에 없던 코끼리들이 탄생했다. 꼬마 작가들이 만든 작품과 그 오묘한 작품 세계를 들여다보자.

아이들은 자신이 만난 코끼리를 신중하게 재현해나갔다.

내가 생각하는 코끼리는

⟨코끼리 발⟩
"코끼리 발 만진 것 있잖아요. 그대로 하나만 만들어본 거예요. (이건) 오른쪽 뒷다리에요. 발톱 하나 만드는 것하고 주름 만드는 것(에 가장 신경을 썼어요)."

⟨잠자는 코끼리⟩
"그냥 코끼리는 무서워서 못 만지니까 잠자는 코끼리를 (만들었어요). 코가 좀 길어서 팔랑팔랑 하다가 힘들어서 내려놓은 거예요."

⟨귀 안 들리는 코끼리와 눈 안 보이는 코끼리⟩
"귀 안 들리는 애가 눈 안 보이는 애를 도와주는 거예요. 도움받는 건 저예요."

⟨바나나 먹는 코끼리⟩
"코끼리는요. 이렇게 초원을 돌아다니다가 먹을 게 없잖아요. 그래서 어떤 사람이 바나나를 던져주는데 배가 고프니까 그걸 아껴먹는 코끼리예요."

⟨바나나 먹는 코끼리⟩
"조금 아파요. 눈이 조금 아프다고 해야 되나? 그래서 눈을 둥그렇게 만들었어요.

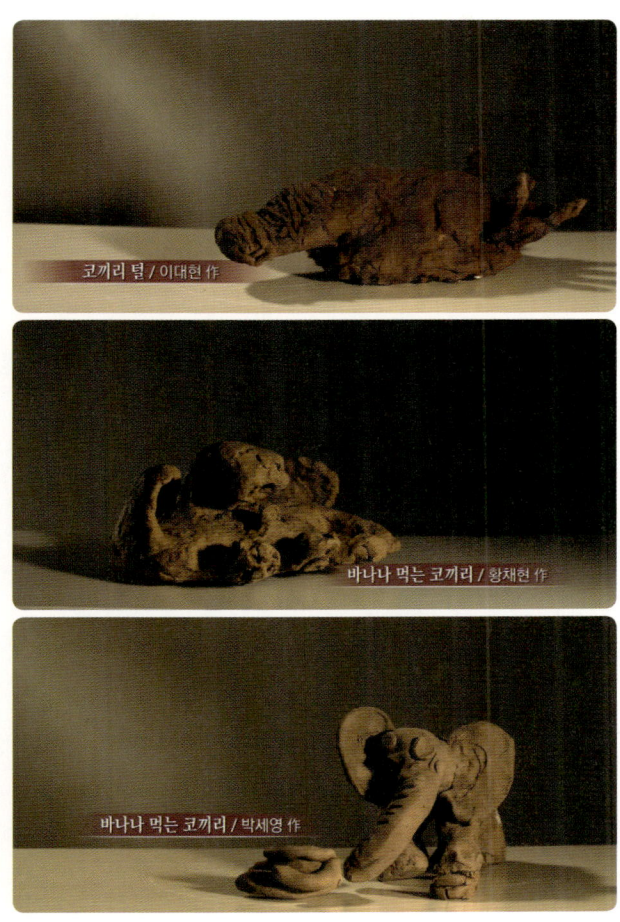

⟨아이들이 만든 코끼리 작품⟩

아이들은 단순히 코끼리를 만드는 게 아니라 자신들이 만진 코끼리를 표현했다. 처음으로 비행기를 타고 먼 나라에 온 일, 말이 통하지 않는 코끼리에게 물을 뿌려주고 쓰다듬은 일, 그때 느꼈던 손의 느낌과 냄새, 주변의 소리, 여러 가지 것들을 담아 코끼리를 표현했을 것이다. 비장애인은 코끼리를 '본 그대로' 느끼지만, 이 아이들은 '기억과 마음의 느낌'으로 코끼리를 표현했다.

현주가 만든 〈귀 안 들리는 코끼리와 눈 안 보이는 코끼리〉는 좋은 의미의 충격이었다. 사실 현주는 눈도 안 보이고 귀도 한쪽이 안 들린다. 그래서 한쪽 귀가 다쳐서 안 들리는 코끼리를 만들고, 그다음 그 코끼리를 도와주려고 하는 안 보이는 코끼리를 만들었다고 했다. 귀가 안 들리는 코끼리는 현주, 그리고 안 보이는 코끼리는 동생 민주란다. 코끼리 작품에 자신의 이야기를 은유해 풀어나갔다. 누구에게나 상처가 있다. 이 여행을 통해 아이들의 상처가 치유되길 바라는 마음이 통했던 걸까?

근대 회화의 아버지라고 불리는 세잔은 '자연을 따라 그린다는 것은 결코 대상을 그대로 베끼는 것이 아니라 자기의 감각을 실현하는 것'이라고 했다. 사람들은 눈으로 보지만 이 아이들은 마음과 느낌으로 본다. 어쩌면 시각에 의지하는 사람들이 본 코끼리의 모습보다 이 아이들이 마음과 느낌으로 본 코끼리가 진짜 코끼리의 모습에 가까울지도 모른다.

세상을 포용한다는 것

1984년, 사우디아라비아 왕국의 술탄 벤 살만 알 사우드가 우주 여행을 했다. 쿠바인 한 명, 러시아인 한 명과 함께였다. 지구를 한 바퀴 돌고 온 그는 우주에서 본 지구의 감상을 이렇게 이야기했다.

"첫날 우리는 각자 자신의 나라를 가리켰다. 사흘째인가 나흘째 되던 날에는 모두들 자신의 나라가 속한 대륙을 가리켰다. 닷새째 이후에는 대륙에도 관심이 없었다. 우리 눈에 보이는 것은 오직 단 하나, 인류 공동의 행성 지구뿐이었다."

사람들은 시각장애를 포함해 장애를 나와 다름으로 여긴다. 다름은 깨뜨리기 어려운 벽으로 느껴질 때가 많다. 어떤 사람들은 그 다름에 지나치게 배려하거나 아니면 냉소하기도 한다.

하지만 앞을 볼 수 없는 아이들은, 두 눈 멀쩡한 사람이 볼 수 없는 또 다른 세상을 보여주었다. 태국 엘리펀트 네이처 파크에 함께 간 여덟 명의 아이들은 처음 맛보는 음식도 가리지 않고 맛있게 먹었고, 아무도 아프지 않았고, 한두 명을 제외하곤 코끼리를 무서워하지도 않았다. 아이들은 씩씩하게 코끼리에게 먹이를 주고, 목욕을 시켜주었다. 손으로 감촉을 느끼고 냄새 맡고 마음으로 본 대로 자신이 만난 코끼리를 만들었다. 발톱까지 꼼꼼하게 만져본 아이는 실제 사이즈의 코끼리 발을 만들었고, 거의 떨어져본 적 없던 쌍둥이는 서로에게 의지한 코끼리를 만들었다.

보지 못하는 대신 이 아이들은 다른 사람에게는 없는 감성이 있다. 사람의 목소리와 그 목소리가 내는 말투와 냄새로 세상을 기억한다. 감성적인 광고가 사람의 마음을 움직이는 것처럼, 때를 만난 아이들의 감성과 느낌은 "뭐하러 어렵게 코끼리를 만져보게 해요? 토끼나 강아지나 뭐 그런 것으로 하지", "안 보이는데 미술은 왜 하려고 해요? 그 시간에 기술이나 배우게 하지"라고 말하는 뿌리 깊은 편견을 훨씬 앞지른다.

교육이란, 그렇게 서로 다른 개인의 생각과 편견이 소통할 수 있게 만들어주는 과정이다. 우리가 보지 못하는 것을 아이들은 볼 수 있다. 그 미묘한 차이를 놓칠 때 우리의 교육은 길을 잃는다.

코끼리와 만나 나눈 교감,
아이들의 감성은
우리가 보지 못한 가치를 발견하게 해주었다.

세상을
들여다보는 법

세상을 보는 시선은 훈련과 연습을 통해 이루어진다

　독일 프랑크푸르트 시내에는 '어둠 속의 대화Dialog im Dunkeln'라는 박물관이 있다. '100퍼센트 어둠 속 일상체험'이라는 부제가 말해주듯 시각장애인의 삶을 체험하는 곳이다. 햇볕 한 줌 보이지 않는 캄캄한 공간에 시각장애인용 지팡이로 장애물이 있는 언덕 길, 물, 밀림, 인도와 횡단보도, 카페 등을 경험하는 것이다. 왼손으로는 벽을 짚고, 장애물이 나오면 넘어지지 않도록 온 신경을 집중해 걷고, 물 흐르는 소리가 어디서 나는지 확인해야 한다. 밀림에 들어서면 저 멀리 동물들의 소리와 원주민의 노랫소리에 긴장해야 한다. 어디서 무엇이 튀어나올지 모르기 때문이다. 하지만 가장 위험한 곳은 자동차가 달리는 시내. 장애인용 신호기가 있는 횡단보도 앞에 서도, 경적 소리는 혼란스럽기만 하고, 횡단보도의 끝이 어디인지 갈피를 잡기 힘들다. 카페는 또 어떠한가. 계산을 하려고 하면, 지폐의 촉감에 의지해 몇 유로인지를 구별해내야 한다. 자칫하다간 몇십만 원짜리 차를 마실 수 있으니까 말이다. 지폐의 액면가를 식별하는 건 생각보다 어렵다. 게다가 오밀조밀 붙은 테이블을 부딪치지 않고 지나가는 건 더욱 어렵다. 재수 없으면 온갖 모서리에 찧거나 발을 다치기 일쑤다.

박물관에서 근무하는 직원 31명 중에서 24명은 장애인이고, 그중 17명은 시각장애인이다. 우리나라에도 신촌에 같은 이름의 체험 공간이 있다. 독일에서 시작된 이후 20년 동안 700만 명 넘게 체험했고, 유럽과 아시아 등 세계 25개 국가에서 운영되고 있다.

우리나라의 학교나 회사에서도 더불어 살아가기 위한 '장애체험 교육'을 실시한다. 비장애인 학생이 안대를 하고 시각장애인용 지팡이를 이용해 걷거나 휠체어를 타고 시내를 돌아다니며 장애체험을 하는 것이다. 시각장애, 청각장애, 정신지체 등 다양한 장애체험 활동을 통해 장애가 있는 친구의 불편함과 어려움을 이해하는 시간이다. 장애인이나 비장애인이나 행복할 권리는 똑같이 있다. 장애체험은 장애인에 대한 잘못된 인식을 개선하고 차별 없는 세상을 만들기 위해 시작되었다.

결과보다 과정의 힘

'시각장애인들이 상처 입은 코끼리를 만난다'. '트라우마를 가진 사람과 동물이 만난다'. 만화로 치면 이 한 컷이 어떻게 그려질지 감히 추측하기는 어렵다.

〈코끼리 만지기 프로젝트〉가 태국 여행으로 시작된 건 아니다. 이 프로젝트는 점과 선으로 미술을 표현하는 데서 시작했다. 미술의 가장 작은 단위에서 시작해 지상의 가장 큰 동물 코끼리까지 가보는 4개월간의 과정이었다.

사람들은 결과로 모든 걸 평가하는 경향이 있지만, 때로는 결과로 말할 수 없는 과정의 힘이 있다. 그 전 과정이 이 아이들에게는 기회였다.

엘리펀트 네이처 파크에 가기 3주 전부터 아이들은 태국이라는 단어를 듣기 시작했다. 비행기를 타고 코끼리를 만지는 건 새로운 경험의 문을 여는 것과 같았다. 아이들은 비행기에서 화장실은 어떻게 가야 되는지, 코끼리를 만지는 느낌이 어떠한지를 상상하면서 흥분했다. 태국에 도착한 후 '상처받은 코끼리들이 치료를 받고 건강해져서 사는 곳'이라는 이야기는 아이들 각자의 이야기와 하나가 되었다.

나와 코끼리가 한 점에서 만나다

〈바나나 먹는 코끼리〉를 만든 채현이에게 "어떤 마음이 들었어?"하고 물었다. "참 슬퍼요. 근데요, 코끼리는 장기이식 수술 안 돼요?"

호기심 많은 채현이는 아무렇지도 않게 다음과 같은 말을 덧붙였다. "죽은 코끼리는 흙으로 돌아가잖아요. 눈이 하나도 필요 없을 텐데, (안구를) 이쪽 코끼리에게 다시 넣어주면 되는데……." 늘 그런 생각을 머릿속에 담고 사는 사람만이 할 수 있는 자연스러운 질문이었다. 그런 평범하지 않은 상황이 자연스러워질 정도로, 보이지 않는다는 것은 큰 불편함이었던 것이다.

엄정순 선생님은 채현이의 말에서 '아이들 각자의 상처와 어려움이 코끼리로부터 발현되는 정서'를 발견했다. 실제 아이들에게 찰흙으로 코끼리를 만들어보라고 하자 다리 저는 코끼리, 눈이 안 보이는 코끼리, 귀가 안 들리는 코끼리, 가족을 잃은 코끼리를 만들었다. 아픈 코끼리를 만져보면서 은연중에 자신의 이야기를 접목시키고, 작품을 만들면서 자신의 상처를 치유했다. 어쩌면 평상시 외면했을지도 모를 자신의 마음을 진심으로 느껴보고 알아가는 과정이었는지도 모른다.

"우리는 인간이 가지고 있는 많은 가능성을 이야기하는데요. 기회가 주어져야 가능한지 안 가능한지도 알 수 있는 거죠. 그래서 가능성을 이야기하게 되면서 기회를 만들고 싶었어요. 세상에 없었던, 그런 예술과 아이들, 시각장애와 우리가 보지 못한 것들이 만날 수 있는 기회를요."

예술이 가진 큰 의미 중 하나는 정서다. 정서는 논리로 설명되지 않

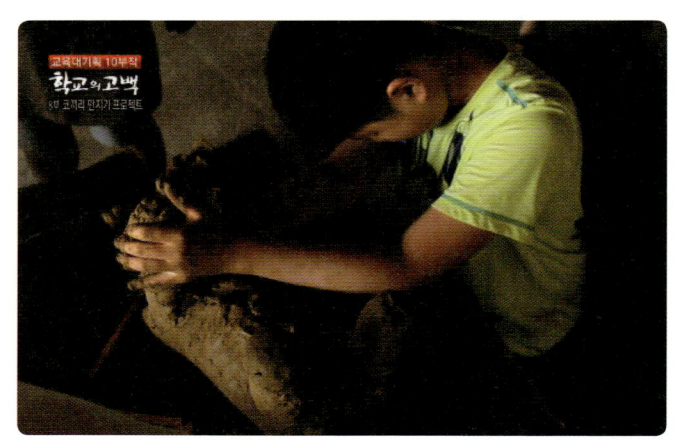

. . .

"어떤 마음이 들었어?"
"참 슬퍼요. 그런데요. 코끼리는 장기이식 수술 안 돼요?"

"죽은 코끼리는 흙으로 돌아가잖아요. 눈이 하나도 필요 없을 텐데. 이쪽 코끼리에게 다시 넣어주면 되는데……."

는다. 지식으로 배울 수 있는 것도 아니다. 태국에서의 성공은 훌륭한 작품으로 나온 게 아니다. 나는 누구인가에 대한 정체성을 보여주는 방법을 몰랐던 아이들은 코끼리 등을 만지고 작품을 만들면서 자기 이야기를 아픈 코끼리에 얹고 스스로의 아픔을 드러내고 편하게 이야기했다. 그것이 과정에서 얻는 치유의 기회다.

세상과 내 아이가 바로 서는 힘

아이들의 무수한 재능은 이 아이들에게도 있다. 기회를 주면 변화가 생기고, 그 변화를 중심으로 지켜보는 게 필요하다. 약간의 동기와 자극을 주면 아이들은 숨겨진 가능성을 드러내며 자신의 재능을 보여준다.

시각장애 아이들에게 재능을 꽃 피울 수 있었던 동기는 재미난 경험이었다. 새로운 환경에서 지상에서 제일 큰 동물을 직접 대면하고, 만져 보면서 아이들은 상상력을 키웠고 자신의 내면을 개성 있는 작품으로 표현해냈다.

시작장애 아이들에게 약점은 눈이 보이지 않는 것이지만 풍부한 감성과 상상력은 남들이 가지지 못한 강점이 되었다. 굳이 장애가 아니라도 아이는 누구나 강점이 있고 약점이 있다. 공부를 못해도 감성이나 표현력이 뛰어난 아이가 있는가 하면, 체육은 못해도 그림을 잘 그리는 아이가 있다. 아무것도 하고 싶어 하지 않고 무기력해 보이는 아이라도 자신이 무엇을 해야 하는지를 잘 몰라서 그럴 뿐이지, 그 내면에는 강점이 숨어 있다.

우리가 아이들에게 해야 할 일은 아이의 가능성과 잠재력을 발견해 그 꿈과 목표를 찾도록 도와주는 일이다. '공부'라는 획일적인 잣대로 아이의 가능성을 짓밟기보다는 자신이 가야 할 길을 찾고 성장할 수 있도록 도와주는 사고의 전환이 필요하다. 다름은 평범함이 아닌 특별함이 될 수 있다. 너무나 당연하지만 우리가 자주 잊곤 하는 이 소중한 진리를 다시 떠올려본다.

Bonus Tip

개정 교과의 핵심인 스팀 교육, 어떻게 대비할까
– 통합 교과와 스팀 교육 제대로 알기

〈코끼리 만지기 프로젝트〉는 일주일에 한 번 하는 세 시간짜리 미술 수업이었지만, 미술만을 가르치지는 않았다. '점과 선' 수업은 미술의 기본 원리인 점과 선을 가르치기 위해 국어 영역인 점자를 차용하고, '기억에 남는 장소 그리기' 수업에서는 사회 교과에 나오는 시장 체험과 마을 지도 그리기를 연계한다. 이 프로그램의 중심 프로젝트인 '코끼리 만지기' 또한 코끼리를 관찰하고 체험하는 과학 교과와 코끼리 조각 작품을 만드는 미술이 밀접하게 연계되어 있다. 미술을 중심으로 국어, 사회, 과학의 경계를 넘나드는 통합 교육 형태다.

통합 교육은 그 이전부터 있어 왔지만 2013년부터 초등학교 교과에 본격적으로 적용되면서 교실 수업에서도 작지만 큰 변화가 일고 있다. 초등학교 1, 2학년은 당장 5과목이 3과목으로 개편되었고, 수학은 스토리텔링이 있는 스팀 교육으로 바뀌었다. 전체적으로 아이들의 총 학습량은 줄었지만, 실생활과 접목해서 통합적 사고력을 요구하는 문제들이 출제되기 때문에 아이 스스로 읽고 이해하고 관계를 파악해 문제를 해결하지 않으면 수업을 쫓아가기 어렵다는 평가다.

그렇다면 2013년부터 적용된 새 교과 과정은 어떻게 이해해야 할까?

바뀐 교과 과정에서 요구하는 '융합형 인재'

애플의 창업자이자 최고 경영자였던 스티브 잡스는 우리 시대의 대표적인 융합형 인재로 꼽힌다. "애플은 기술과 인문학의 교차점에 있다"는 그의 말처럼 미학적인 디자인과 사용자 중심의 기술을 결합시켜 혁신을 일구어냈다. 좀 멀리 가자면, 고대 그리스 수학의 한 획을 그은 피타고라스는 수학자이자 철학자로 유명했다. 화가 레오나르도 다 빈치 또한 〈모나리자〉 그림을 그린 화가로서의 명성보다 비행기나 헬리콥터를 설계하고 실험한 과학자, 수학자로서 더 유명했다. 예술과 수학, 과학에 능통한 오늘날의 창의적 융합 인재인 셈이다.

이번에 바뀐 교육 과정도 그 목적은 아이의 사고력과 창의력을 길러주어서 다양한 분야의 인재를 양성하는 융합형 인재 교육에 있다. 각 교과를 연계해 융합적으로 사고하는 인재를 만들겠다는 취지다.

교육을 하는 근본적인 목적은 살아가면서 생기는 온갖 문제들에 잘 대처하고 해결하기 위해서다. 그러기 위해서는 단편적인 지식이 아니라 융합적인 사고가 필요하다. 예술, 과학, 수학 등 학문 사이의 경계를 넘나들며 통합적인 지식을 습득했을 때 주어진 상황을 바르게 해석하고 해결할 수 있기 때문이다.

교과 과정, 어떻게 바뀌었나?
초등 1, 2학년은 5과목에서 3과목으로 통합
각 과목의 기초를 다지는 초등 1, 2학년 교과는 2013년부터 국어, 수학, 통합 교과로 바뀌었다. 통합 교과는 바른생활, 즐거운 생활, 슬기로운 생활을 합친 교과다. 그전까지 나뉘어져 있던 교과를 통합하고 주제와 활동 중심으로 묶었다. 통합 교과는 봄, 여름, 가을, 겨울, 학교와 나, 가족, 이웃, 우리나라 이렇게 8개 주제로 구성돼 한 달에 한 주제씩 배우게 된다. 예컨대 '봄'이라는 주제에서는 봄철 건강 관리하기(바른 생활), 봄 날씨 알아보기(슬기로운 생활), 봄 날씨를 주제로 놀이하기(즐거운 생활)를 통합적으로 배우는 식이다.

수학과 타 교과를 합친 스팀 교육
스팀 교육은 수학과 다른 교과를 융합한 교육이다. 예를 들어 사회의 선거와 투표 단원에서는 확률이나 함수의 그래프 등 관련 수학적 내용을 함께 학습한다. 선, 면, 구도 등 미술적 표현 기법에 담긴 닮음과 비례, 대칭 등 수학 원리를 찾고, 음악의 음정과 리듬을 배울 때는 평균율이나 통계 등을 접목했다.

여러 학문의 경계를 넘나들며 폭넓게 지식을 습득한다는 장점도 있지만, 궁극적으로는 학습자가 직접 참여해 스스로 깨우치는 과정에서 살아가면서 생기는 수많은 문제를 해결하는 데 그 목적이 있다.

스팀 교육을 실시하는 학교 수업도 흥미로워졌다. 한 학교는 '자석을 이용한 미술관' 수업을 실시해 과학과 미술을 접목시키는가 하면, 대구의 한 학교는 '전기 회로' 수업으로 과학 수업 시간에 각 전구의 특징을 배우고, 우리

집의 각 방에 설치할 전구를 개성 있게 그렸다. 그전 시간에는 자기 집과 친구 집의 전기 사용량을 계산한 뒤 전기를 아끼는 방법도 배웠다.

통합 교육에 맞춰 가정에서 할 수 있는 맞춤형 교육은?
사교육 학습에 많은 비중을 두었던 부모들의 시름도 커졌다. 마트에 가서 오천 원으로 장보기, 은행에서 통장 만들기, 집에서 청소나 설거지를 할 때는 아이와 분담해 스스로 문제를 찾고 해결하는 환경 만들어주기 등 가정에서의 생활밀착형 학습을 강조하기 때문이다. 그중에서도 전문가들이 공통적으로 강조하는 건 두 가지로 나뉜다. 바로 '독서'와 '체험 학습'의 기회를 늘리는 것이다.

독서를 할 때는 아이의 관심 주제부터 시작
스팀 교육은 스토리텔링 수업으로 진행된다. 암기 과목으로 알기 쉬운 수학을 이야기를 통해 원리나 개념이 나오는 배경을 통해 깊이 생각하는 과정 중심으로 바뀌었다. 또한 생활에서 일어나는 일들을 소재로 수학적 지식을 물어보기 때문에 독서를 통한 다양한 지식을 갖추는 게 필수다.

그러므로 아이가 관심을 가지는 주제로부터 출발해 분야를 서서히 넓혀가는 게 좋다. 아이가 자주 하는 질문을 귀담아 듣거나 즐겨 보는 TV프로그램의 주제로 책을 읽는 것이다. 공룡을 좋아한다면 공룡 동화책부터 시작해 공룡의 역사를 다룬 과학책, 환경 문제로 연결지어 생각해보도록 하는 것이다.

체험 학습으로 다양한 기회를 경험하기

독서만으로는 배움에 한계가 있다. 과학이나 수학 원리는 책을 통해 배우는 건 단편적인 지식에 불과하고 지나면 잊어버리는 경우가 많기 때문이다. 그러므로 여러 과목이 혼합된 융합 교육은 다양한 체험을 통해 경험을 쌓는 게 중요하다. 사물을 관찰하고 상상하는 체험과 실험을 통해 아이의 흥미와 관심을 유도할 수도 있다.

각 시도 교육청이나 교과부에서 학교에서 배우는 내용과 체험 활동을 연계하면서 체험 학습이 큰 인기를 끌고 있다. 방학이나 주말 놀토를 이용해 체험 학습 여행을 떠날 수 있는 곳을 간단히 소개해본다.

다양한 주말 프로그램

기관	프로그램	위치	문의
국립서울과학관	어린이과학수사대, 과학영어, 전체투영관, 기초탄탄과학실	서울 종로구 창경궁로 215	02-3668-2200
경기도어린이박물관	물과 기름 실험하기, 자연모티브 건축 만들기, 땅 속 오염 알아보기, 세계환경보호대사 되기	경기 용인시 기흥구 상갈로6	032-270-8600
국립중앙어린이박물관	생활 속 고고학 이해, 백제금동대향로 문양 체험	서울 용산구 서빙고로 137	02-2077-9000
국립중앙과학관	주말과학창의력 체험교실, 과학문화재탐방, 자연탐험단	대전 유성구 덕대로 481	042-601-7894
국립중앙박물관	미래의 박물관 큐레이터, 형제자매가 함께하는 토요박물관	서울 용산구 서빙고로 137	02-2077-9000
고양어울림누리	우리가 만드는 뮤지컬, 전래놀이 할 사람 여기 붙어라	경기 고양시 일산동구 중앙로 1286	1577-7766
삼성어린이박물관	붕붕- 방귀방석, 수묵채색화 족자, 아빠랑 함께 날 따라 해봐요, 빵빵! 웃음 총 표현놀이	서울 송파구 신천동 7-26	02-2143-3600
석장리박물관	구석기 동물 모양 열쇠고리 만들기, 조개 장신구 만들기, 선사시대 토기 만들기, 선사문양목걸이 만들기	충남 공주시 장기면 석장리 98	041-840-8914
광주시립미술박물관	민속공예교실, 우리나무 바로알기, 민속생태마을탐방	광주 북구 서하로 48-25	062-613-5367

전통 체험

각 지역마다 우리 옛 전통 문화를 체험할 수 있는 프로그램이 다양하게 마련되어 있다. 포항 죽도시장, 부산진시장, 충청도 천안의 인근 시장에 가면 전통 시장을 체험할 수 있고 최근 경북 안동 지역의 고택이 열리면서 전통 한옥을 체험하고 한지 체험, 예절 체험을 할 수 있는 곳도 생겼다. 산악 지역의 지리적 조건을 이용해 강원도에는 횡성 고라데이 마을, 정선 개미들 마을, 평창 어름치 마을 등 이름만큼 특색 있고 이야기가 있는 전통 체험 마을들이 곳곳에 숨겨져 있다.

화개장터(5일장) : 경남 하동군 화개면 / 문의 : 055-880-2384(하동군청)
경북 안동의 고택 체험 : 경북 안동 / 문의 : 054-840-6114(안동시청)
횡성 고라데이 마을 : 강원도 횡성군 청일면 봉명리 61-3 / 문의 : 010-9435-0053

생태 체험

자연 생태계의 순환을 이해하고 생명의 소중함을 깨닫는 체험 활동이다. 서울시만 해도 9개의 생태 공원에서 생태 체험 학습을 여는 등 지역별로 활발하게 생태 체험 프로그램이 운영되고 있다. 허브 야생화 캐기, 나물 캐기, 감자·고구마·옥수수 심고 캐기, 천연 염색, 도자기 만들기 체험 등을 할 수 있다.

녹색농촌체험 마을 : 울산시 울주군 삼동면 금곡리 녹색농촌체험마을

문의 : 052-264-6384

국립과천과학관 : 경기도 과천시 상하벌로 110 / 문의 : 02-3677-1500

박물관 체험

대부분의 박물관에서는 관람객의 관람 외에 어린이들이 참여하는 체험 활동을 따로 운영한다. 서울 국립중앙어린이 박물관에서는 삼국 시대부터 조선 시대까지의 역사와 문화를 체험할 수 있고, 부산해양자연사 박물관에서는 열대 생물과 바다 먹거리 등을 체험할 수 있다. 국립등대 박물관에서는 나만의 배와 등대를 직접 만들어보는 체험 활동을 운영 중이다.

체험 활동 포인트

1. 미리 사전 계획을 세울 것

인터넷 자료 등을 검색해 미리 정보를 알고 가는 게 좋다. 사전에 직접 확인할 내용이나 생각해볼 주제를 정하면 체험 학습의 재미가 배로 늘어난다.

2. 지도, 물컵, 비상약 등도 챙길 것

교통편, 날짜, 대략 시간대별 일정, 연락처 등을 미리 확인해둔다.

3. 체험 학습 후 내용과 느낌을 자세히 기록하게 할 것

자료를 미리 찾아보고 돌아와서는 팸플릿, 사진, 수집품 등을 정리해 아이가 직접 보고 듣고 느낀 점을 간단하게 기록하도록 한다.

잃어버렸던 자신감 회복은 아이들에게 일등보다 더욱 값진 역전이었고,
어떤 편견과 역경에도 흔들리지 않을 자신감을 마음에 단단히 새길 수 있었다.
181일째를 넘어 새로운 역전의 인생을 살게 되는 아이들.
그 아이들이 발견한 것은 무엇일까?

PART 5

내면의 확실한 경쟁력, 자존감

역전클럽 180, 내가 나를 존중할 때

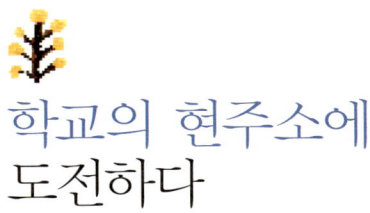
학교의 현주소에 도전하다

대한민국에서 공부 못하는 아이로 산다는 것

　알베르트 아인슈타인의 어린 시절은 영재와는 거리가 멀었다. 초등학교에 들어가기 전까지 말을 더듬었고, 자신이 좋아하는 수학을 제외하고는 라틴어, 지리, 역사 등 거의 모든 과목에서 낙제점을 받았다. 수업 시간에 궁금증이 생기면 그것이 해결될 때까지 질문을 해 수업에 방해가 될 정도였다. 성적표에는 '이 학생은 장차 어떤 일을 해도 성공할 수 없을 것으로 판단됨'이라고 적혀 있고, 틀에 얽매이지 않은 그의 행동을 보다 못한 담임 선생님이 학교를 그만두라는 말을 했을 정도다. 정신적인 문제가 있는 건 아닌지 걱정스럽다며 주변에서는 병원에 가보라고 했지만, 아인슈타인의 엄마는 그것을 남과 다른 특별한 능력으로 보고 희망을 포기하지 않았다. 이후 그의 천재적인 수학 능력을 알아본 교사의 헌신적인 노력 끝에 세계적인 물리학자로서 명성을 얻는다.

만약 아인슈타인이 대한민국에 태어났다면 어떻게 되었을까? 아마 대한민국에서도 '공부 못하는 아이'로 낙인찍혔을 것이다. 과목 편식도 심한 탓에 성적 경쟁에서 밀리다 결국 대학 진학에 실패했을 것이란 예상이 어렵지 않다.

대한민국에서 공부 못하는 아이로 살아간다는 건 생각만 해도 결코 쉬운 일이 아니다. 공부가 전부처럼 느껴지는 고등학생들에게는 더욱 그렇다. 몇 년 전 유행한 '일등만 주목하는 더러운 세상'이라는 말처럼 우리의 현실은 언제나 일등에만 주목한다. 초중고로 진급하고 학년이 올라갈수록 성적이 주는 압박은 점점 심해진다. 급락한 등수 충격에 부모나 어른들은 가장 먼저 "대학 어디 갈래?"를 묻는다. 학습량도 중학교 때와는 비교할 수 없을 정도로 많다. 웬만한 교과서 내용은 학원에서 예습하고, 학교 수업은 복습 시간이거나 지루한 반복 학습 시간이 된다. 대한민국에서 공부 못하는 아이로 산다는 건 어떤 의미일까? 독산고등학교 1학년들에게 물어봤다.

"대학교 못 가면 취직하기도 어렵고, 대우 못 받고 사니까요."
"남들은 자기 자식이 막 전교 1등 됐다, 공부 잘한다 이럴 때 저는 엄마가 저 칭찬할 게 없대요."
"애들보다 훨씬 공부 잘해서 나중에 떳떳하게 살고 싶어요."
"가족들이 비교할 때 힘들어요. 시험을 보면 걔랑 항상 비교를 하세요. 스트레스 쌓여요. 나도 나름 열심히 하고 있는데……."

짧은 질문에 대답하는 아이들의 말은 꽁꽁 숨겨두었던 마음의 상처가 묵은 상처를 헤집고 나오는 것 같았다. 공부 못해 받은 한 맺힌 서러움의 말이었다.

이 아이들은 학원에 가보기도 하고, 혼자 공부해보려고도 했는데 잘 안 됐다는 실패 경험을 안고 있었다. 부모님은 그런 아이에게 든든한 지원군이 되기보다는 학교에서 전교 1등을 하는 사촌과 비교를 했고, 명절 때는 참았던 분노를 폭발시키듯이 "○○의 반만이라도 따라가라"는 말로 상처를 주었다. 그런 말을 들을 때마다 화도 나고 공부해야겠다고 생각은 하지만 막상 하려고 하면 잘 되지 않아서 스트레스는 더욱 쌓일 뿐이었다. 시험 못 본 건 본인이 가장 잘 안다. 그때마다 엄마, 아빠가 잔소리를 하면 더 화가 난다고도 했다.

드라마 〈학교 2013〉에서 "제가 공부 못해서 공부 잘하는 하경이 부속품처럼 보이는 거 안다"며 한탄했던 강주처럼 어른들은 그게 다 열등감이고 피해의식이라고 말하지만, 그 말을 듣는 아이들의 현실에서는 누가 뭐래도 상처이고 자존심 상하는 일이다. 공부를 못하면 친구들이 뭐라고 하지 않는데도 스스로 무시당하는 느낌이 든다.

처음부터 공부를 포기하는 학생은 없다. 나름 의지를 다지고 공부를 하려고 시도해본 경험은 있지만 주변의 크고 작은 유혹은 쉽게 떨치기가 어려웠다는 게 아이들의 공통된 말이다.

이렇게 여러 가지 이유로 공부가 힘들다고 한 아이들은 공부가 '짜증난다'고 했다. 점점 떨어지는 점수를 생각하면 각종 모의고사나 중간, 기말고사를 치른 후에는 어김없이 기분이 안 좋다고 했다. 답을 봐도 무슨 소리인지 모르겠고, 나중에는 이걸 꼭 알아야 할 필요가 있는

공부 못하는 아이로 산다는 것은 힘겨운 세상과의 싸움을 예고한다.

지 회의가 든다고 했다. 그런데도 선생님은 "이거 중요한 거야", "이거 시험에 나와"라며 교과서에 중요 표시를 하고, 외우라고 강조하지만 공부가 이미 싫어진 아이의 머릿속에는 다른 생각들로 가득하다. 누구나 시험 때가 되면 긴장을 하는 게 일반적이지만, 답이 틀릴까봐 무서워 시험을 공포로 여기는 아이들도 있다.

공부는 결국 자기주도로 해야 하는데, 계획을 세워도 오래가지 않는 것도 문제였다. 학원은 공부 방법에 어떤 문제가 있는지를 찾아내고 해결하는 게 아니라, 선생님이 시키는 대로만 하면 성적을 올릴 수 있다고 한다. 제 스스로 공부할 방법을 찾지 못하게 하고 의존적으로 만드는 것이다. 학원이 싫다면 혼자 공부를 해야 하는데, 맞벌이 가정의 경우 부모가 아이의 학습을 관리해주지 못하는 상황도 생긴다.

꼴찌들의 용기 있는 도전

"1학년 학생들에게 안내말씀 드리겠습니다. 교내 학력향상 동아리에서 회원을 모집합니다. 공부를 못해도 좋습니다. 꼴찌여도 상관없습니다. 선생님들 믿고 공부해서 자신감을 얻고 싶은 학생들은 오늘 방과후 4층 소강당으로 모여주시기 바랍니다."

새 학년, 새 학기의 설렘과 기대로 가득 찬 4월. 서울의 한 고등학교 교내에 방송이 울려퍼졌다. 공부로 역전해보겠다는 당찬 학생들을 모집하는 광고다. 이름하여 성적 향상 동아리 역전클럽! 꼴찌에서 일등까지 1학년 학생이면 누구나 참가할 수 있다.

소식을 접한 아이들의 반응이 예사롭지 않다. 꼴찌에서 일등으로의 역전? 생각만으로도 짜릿한 상상 아닌가! "공부 다시 열심히 하고 싶다는 생각?", "한번 해보면 좋을 거 같아요" 등등 아이들 대다수가 호의적인 반응을 보인다.

이 학교 아이들에겐 '역전'이 더욱 절실한 이유가 있다.

"학생들 중에 약 20퍼센트 정도의 학생은 수업을 귀담아 듣고 따라오고 있지만 나머지 80퍼센트 학생은 기초학력 부진으로 진도를 못 따라오고 있는 실정입니다."

— 김용훈 독산고 교사

"글자가 '영어구나'를 알 정도지 읽을 줄을 모르는 학생들도 있는데, 난

이도를 어떻게 정해서 수업을 하느냐가 수업 들어갈 때마다 고민하는 부분 중에 하나입니다.

– 황은진 독산고 교사

교육청에서는 해마다 국가수준 학업성취도 평가를 실시한다. 2013년도부터 초등학생을 제외하고 중학교 3학년과 고등학교 2학년을 대상으로 학생들의 학업성취 수준을 알아보는 일제고사다. 독산고등학교는 서울에 위치한 고등학교 180개 일반고 가운데 학업성취도 수준이 낮게 평가된 학교다. 학교에서도 방과후 자기주도학습이나 보충 수업을 실시해 대책을 강구했지만, 교육의 주체인 학생들의 호응은 그리 크지 않다.

과연 역전클럽에는 몇 명이나 지원했을까? 교내 방송과 홍보물을 보고 역전클럽에 지원한 학생들의 이야기를 들어보았다. 역전클럽의 문을 두드린 이유도 다양하다. "그냥 선생님 도움도 받고 싶었고 조언도 들어보고 싶었어요. 이 성적에서 더 올리고 싶어서 참여하게 되었어요." 막연한 기대감에 지원한 아이가 있는가 하면, "지금까지 최선을 다 해본 적이 없는 거 같은데 이번 프로젝트에 참가해서 한번 열심히 해 보고 싶어요"하며 새 출발의 계기로 삼고 싶다는 아이도 있었다. "다른 애들보다 공부를 뒤늦게 해서 기본도 몰라가지고 지원하게 됐어요." 그 야말로 역전클럽의 타이틀에 걸맞은, 역전을 꿈꾸는 학생들도 있었다.

왜 공부를 해야 하나요

역전클럽의 지원 자격을 고등학교 1학년으로 제한했다. 중학교에서 올라와 고등학교의 문화적 충격을 경험한 이들이다. 부모들은 초등학교 때부터 대학을 목표로 아이들의 성적을 포함한 포트폴리오를 관리하지만, 아이들은 부모의 기대만큼 체감하지를 못한다. 중학교 때도 시험을 잘 못 보면 기분이 썩 좋진 않았지만, 그래도 그 기분이 오래가지는 않았다. 그런데 고등학생이 되면 주변에서 바라보는 시선부터 달라진다. "어느 대학 갈 거야?"를 수시로 묻고, 고3까지는 죽었다 생각하고 공부만 하라는 살벌한 말을 한다. 고3 첫날부터 밤 10시까지 자율 학습을 엄하게 시키는 학교도 있다. 시험을 못 보면 좋은 대학에 못 갈 것 같고, 좋은 대학에 못 가면 좋은 직업을 얻지 못하는 것 아닌가 불안이 자리 잡는 시기이기도 하지만, 역으로 고등학교 생활에 정착하기 전에 학습 고민의 뿌리를 찾고 자신을 성찰하는 과정을 통해 변화를 꿈꿀 수 있는 나이이기도 하다.

드디어 저마다의 사연들을 안고 역전클럽을 찾은 아이들 중 26명이 최종 확정됐다. 선택의 기회는 아무에게나 오지 않는다. 더더군다나 좋은 선택의 기회는 아무에게나 오지 않는다. 새 다짐으로 출발선에 선 이 학생들에게 지금의 선택이 의미 있는 계기가 될까?

역전클럽에 지원한 아이들과 사전 인터뷰를 실시했다. 가감 없이 솔직하게 말하는 아이들에게서 공부를 어떻게 생각하고 무엇이 문제인지 대략적인 개요를 파악할 수 있었다.

"중학교 때 담임 선생님이 계획을 세워보라고 해서 한 달 정도 세워서 해봤는데 거의 반 정도 (하다 말았어요)."
"집중하는 것도 안 되고. 주변에서 조금이라도 소리가 나면 바로 정신이 산만해져요."
"침대를 보면 눕고 싶고 컴퓨터를 보면 하고 싶고, 그럴 때 유혹이 생기니까 안 되는 것 같아요."
"시험 기간 2주 전부터 하루 4~5시간 자면서 공부하는데, 계속 그렇게 하다보면 잠이 부족하잖아요. 시험 일자가 다가오면 다가올수록 잠이 부족해져서 힘들어요."

시험 계획 세우기, 집중력의 부재, 잠 부족 등 일반 학생들이 하는 다양한 고민들을 하고 있었다. 그러나 더 큰 문제는 왜 공부를 해야 하는지에 대한 근본적인 성찰이 없다는 점이었다.

아예 돌직구를 던져봤다. "왜 공부를 못하는 것 같아?"라는 제작진의 질문에 "공부에 흥미도 없었고, 공부의 중요함을 알려주는 누군가도 없었어요"라는 대답이 돌아왔다. "공부를 왜 잘하고 싶어요?"라고 묻자 "공부 못하면 못 사니까요. 그러니까 대학교 못 가면 취직하기도 어렵고 대우 못 받고 사니까요"라고 말하는 학생도 있었다. 사회적으로 얻는 이득이 많기 때문에 공부해야 한다는 부모의 통념이 그대로 배어 있는 말이다.

박재원 공부연구소 소장은 "사람 머리는 나에게 구체적으로 어떤 문제가 있는지 확인하는 순간 반드시 수정하게 되어 있다"고 말한다. 운동선수들은 경기 장면을 녹화했다가 모니터를 한다. 이번에는 자세가 나쁘다던가, 왼쪽 다리가 덜 뻗었다던지의 문제점을 구체적으로 파악하기 때문에 운동 방향과 목표도 아주 구체적이다. 그만큼 장단기적인 성과도 확실하다. 이처럼 문제가 막연하면 의지가 있어도 몸이 움직이지 않지만, 문제가 구체적이면 마음만 먹으면 고칠 수 있다.

역전클럽에 지원한 아이들은 대부분 의지는 있지만, 몸이 따라주지 않는 경우다. 대체적으로 학력 수준이 낮고, '하우투 How to'를 몰랐다. 중학교 수준에서부터 시작해야 하는데 자존심 때문에 고등학교 책을 붙잡고 있는 식으로 말이다. 어느 경우이든 어떤 콘텐츠를 가지고 어떻게 공부를 해야 된다는 걸 안다면 서서히 변화가 일어날 것이다.

공부에 대한 의지를 실천으로 옮기는 과정이 남았다.

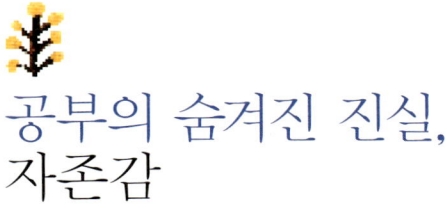

공부의 숨겨진 진실, 자존감

어차피 난 안 돼

먼저 학력 수준을 진단하고 학습에 뒤처지게 된 원인을 파악했다. 수능성적향상 예측검사와 다면적 인성검사, 문장완성검사 테스트를 통해 공부에 필요한 자기주도성, 자신감, 정서, 동기, 학습 전략을 검사하는 것이다.

진단 결과 심리정서적인 문제부터 학습전략에 이르기까지 아이들은 한 가지 이상 문제를 안고 있었다. 그중에서도 공통적으로 나타난 심각한 문제는 바로 '낮은 자신감'이었다.

"자신감이 없어요. 공부를 해야 할 이유는 모르겠는데 그래도 안하면

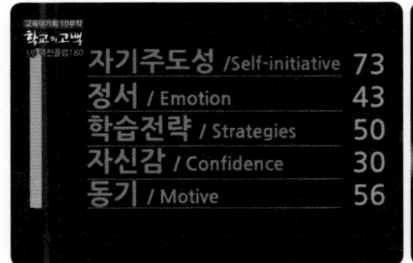 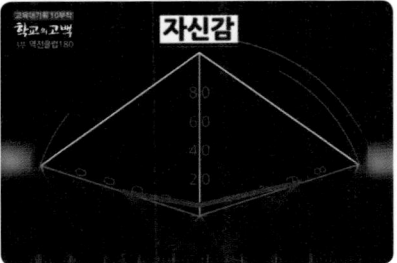

진단 결과, 자신감의 결여가 공통적으로 나타났다.

안 될 거 같아요. 부모님께서 기대를 많이 하셨는데 공부를 못해서 낮은 점수가 나오면 실망스럽기도 하고 제 자신이 너무 한심해 보여요. 공부를 못하면 나중에 무시당할 것 같고 조그만 잘못이라도 하나 저지르면 공부를 못해서 그런다고 볼 것 같고 공부를 조금이라도 잘해야 될 것 같아요."

아이들은 공부가 '막막하다'고 했다. 손에 잡힐 듯 명확하게 보이지도 않으니 자신감이 없어졌다고 했다. 그보다 더 큰 문제는 자신감 결여로 공부 의욕마저 상실한 아이들은 무기력함을 드러냈다. 학습은 무언가를 배워나가는 과정인데 배우고 싶은 마음이 없으니까 할 생각도 없어진 것이다.

그러다 보니 어떤 일을 시도해도 끝까지 가지 못하거나 무기력해지는 경우가 많다고 했다.

실제로 아이들은 부모가 잘못을 지적하고 타이르면 다른 아이들보다 자신에 대해 실망하는 기색이 역력했고 부모나 어른들의 평가에 아주 민감하게 반응했다. 문제는 이처럼 자신감이 떨어지는 상태가 반복되다 보면 자존감이 낮아진다는 사실이다. 있는 그대로의 자신을 존중하지 못한 나머지 자기 비하에 빠지고, 성공이나 실패에 연연해 쉽게 좌절하거나 포기하고 만다. 정서 불안이나 우울증과 같은 심리적 문제도 동반될 수 있다. 근본적인 자신의 자아상을 해칠 수 있기 때문에 가능한 빨리 아이들에게 자신감을 되찾아줄 성공 경험이 필요했다. 성적 향상이라는 당면 목표가 있지만 이 과정을 거치면 손상된 자존감까지도 회복할 수 있을 것이다.

아이들의 자신감을 키우고, 공부 의욕을 불러일으킬 수 있는 방법은 없을까? 국내 최고의 학습 전략 전문가들과 독산고등학교의 열정적인 선생님들이 한자리에 모였다. 학습 진단 결과와 심리검사를 분석해 공부 저해 요인을 찾고, 그에 맞는 맞춤형 학습 동기를 끌어내기 위해서다.

국영수 성적이 모두 최하위인 한 학생은 모든 교과에 흥미가 없는 게 가장 큰 문제점으로 지적됐다. 또 다른 어떤 학생은 학원을 끊고 혼자 공부하겠다고 의욕을 보였지만, 집중력이 낮고 거의 모든 시간에 졸았다. 집안 형편이 어려워 공부할 수 있는 여건이 안 되는 학생들도 있었다. 성적은 그다지 좋지 않지만, 도전 자체를 즐기는 학생도 있었다.

조남호 학습법 전문가는 『스터디 코드』에서 '공부에 대해 생각하라'고 조언한다. 대부분 공부하기에 급급할 뿐, 공부 자체에 대해 생각해보지는 않는다는 것이다. 실제 서울대 합격자들을 분석해보면 공부 원리, 과목별 특징 등을 곰곰이 생각해보고 그에 맞는 맞춤식 학습 전략을 짜지만, 대다수의 학생들은 유명한 학습 방법만을 쫓다가 실패를 맛보는 일이 태반이라는 것이다. 공부에 대한 생각은 '하면 된다'는 믿음으로 이어진다는 말이 한편으로는 뻔하게도 느껴지지만, 그 이유를 더 들어보면 수긍가는 점이 많다.

중하위권 아이들은 자신이 명문대에 들어갈 거라는 믿음이 없다. 어차피 해도 안 된다고 생각한다. 이런 생각 자체는 스스로 발목을 잡는다. 성적이 안 되니까 무엇을 해도 안 된다고 스스로 포기하는 셈이다. 시험이 내일로 다가왔다고 하자. 오늘은 무슨 일이 있어도 밤을 새겠다고 작정하지만, 마음은 두 가지다. 바로 '한다고 될까'와 '할 수 있다'다. 그중 '한다고 될까?'라는 의심이 커지면 '어차피 난 안 돼'에 해당하는 갖은 핑계를 대며 자신을 합리화시키는 작업에 들어간다. '내 머리로 되겠어?', '학원 안 가고 될까?' 온갖 부정적인 생각이 꼬리를 물고, 결국 자기 마음에 져 두 시간 만에 책을 덮고 만다. 안 된다는 생각이 실제로 공부를 안 하는 방향으로 몰아가는 것이다. 성적이 안 나와서 안 되는 게 아니라, 어차피 안 된다고 생각하니까 공부가 안 되는 것이다.

이 아이들에게 가장 필요한 건 공부에 대한 성취감이다. 공부가 흥미롭고 즐겁다고 느껴져야 의욕도 생기고 공부에 대한 성취감으로 이어질 수 있다.

역전클럽의 힘찬 행보

역전전략 하나! 동아리 활동으로 공부와 친해져라!

역전을 향한 첫걸음을 시작했다. 전문가들이 내세운 첫 번째 전략은 동아리 활동으로 아이들 스스로 역전클럽을 자유롭게 운영해 나가는 것이다. 혼자서 하는 공부는 공부 습관이 덜 된 아이들에게는 힘든 일이다. 좌절의 경험이 크기 때문에 이를 혼자 극복하기란 쉽지 않기 때문이다. 실패의 경험이 있고 포기의 유혹에 빠져본 아이들은 자율 학습을 해나가는 과정에서 서로 격려를 하고 의지가 되어줄 것이다.

"보통 아이만을 변화시키려고 하게 되면 실패하는데 아이의 환경을 변화시키면 성공합니다. 학교라는 공간 내에서 아이들에게 공부에 대한 흥미와 자발성을 이끌어내는 데 가장 좋은 환경은 동아리입니다."

– 박재원 소장

역전클럽의 가장 큰 원칙은 자율성. 선생님이나 어른이 지시하는 게 아니라 스스로 판단해 결정하는 구조다. 26명을 여섯 조로 나누어 4~5명이 한 조가 되었다. 반장을 선출하고, 각 조의 조장도 뽑았다. 자리도 각 조가 중심이 되어 자율적으로 배치했다. 4시 반에 수업을 마치면 각자 방과후 학습이나 동아리 활동을 자유롭게 하고 저녁 먹고 10시까지 자율 학습을 하기로 했다. 대략적인 시간표도 짰다. 자율 학습 시간에는 멘토와 선생님이 참석해 공부법을 포함한 아이들의 실질적인 고민을

역전클럽의 밤이 깊어간다. 아이들은 성공할 수 있을까?

들어주기로 했다. 학교에서는 앞으로 6개월간 역전클럽 아이들이 사용하게 될 자율 학습실을 준비했다.

역전클럽이 성공하려면 무엇보다 아이들의 적극적인 참여가 전제되어야 한다. 이를 위한 다소 강도 높은 운영 규칙도 정했다. "무단 지각 세 번은 무단 결석 한 번. 결석 세 번은 퇴출". 삼진아웃제다.

이렇게까지 강도 높은 운영 규칙이 필요할까?
우리 생활에는 리듬이 있다. 아침에 일어나서 잠이 들 때까지 크게 하루 주기로 리듬이 돌아간다. 공부를 효과적으로 하려면 이 리듬을 잘 타야 한다. 학교 수업이 끝나고 자율 학습 시간을 지킨다는 건 하루 주기에 맞춰 리듬을 타기 위함이다. 그 리듬이 깨지면 다음날이 힘들어진다는 것을 누가 말하지 않아도 경험으로 잘 알고 있다.

반대 의견 없이 일사천리로 규칙을 합의해가던 아이들이 첫 번째 난관에 부닥쳤다. 바로 스마트폰 문제다. 스마트폰은 아이들과 인터뷰를 하면서 공부를 가장 힘들게하는 한 주범으로 꼽혔다. 서울시 교육청이 초중고생에게 설문조사한 결과도 이를 뒷받침한다. 스마트폰이 학교 공부에 방해가 되는지를 알아보기 위해 스마트폰의 사용 빈도를 조사한 결과, 과거보다 지나치게 자주 사용하는 것으로 드러났다. 특히 초등학교에서 고등학교로 올라갈수록 스마트폰을 자주, 많이 사용하는 것으로 조사됐다. 인터넷 사용은 다소 줄어든 대신 그 빈자리를 스마트폰이 차지하는 추세다. 그렇다고 학교에서 스마트폰을 제재하기도 어려운 실정이다. 괜찮은 교육용 어플도 잘 나와 있어 스마트폰을 권장하는 학교도 있다. 게다가 학생 대부분이 스마트폰을 사용해 문자를 주고받고 음악을 듣는데, 스마트폰 사용을 규제했다가는 소외감을 느낄 수 있다.

　문제는 인터넷 강의를 들으려고 스마트폰을 샀다가 길을 잘못 들어 게임만 계속하다 끝났다는 한 학생의 경험처럼, 단단히 마음을 먹지 않고서는 스마트폰을 절제하기란 거의 불가능하다. 중요한 연락이 올지도 모르고, 공부하는 동안은 스마트폰을 꺼놓거나 안 보이는 곳에 치워놓는다며 자율적인 판단에 맡기자는 아이들의 의견도 있었지만, 충분한 논의를 하고 멘토들의 조언에 따라 자율 학습 시간만큼은 스마트폰을 한곳에 모아두기로 했다.

　수업을 마치고 아이들이 집으로 돌아가는 그 시각, 역전클럽 아이들이 하나둘 자율 학습실로 모여들었다. 26명 전원 출석 완료다.

　공부는 습관이다. 습관이 문제가 생기면 오랜 시간 앉아서 공부하기란 좀처럼 쉽지 않은 일이다. 오죽하면 '공부는 엉덩이로 한다'는 말이 있을까. 금세 지루한 표정으로 엉덩이를 들썩일 만도 한데, 아이들은 굳건하게 자리를 지키며 공부를 한다. 공부를 마친 아이들의 소감도 나쁘지 않다. "철든 거 같아요", "혼자 공부하니까 조금 더 색다르고 재미있고 그래요"라는 말에서 희망을 발견한다. 그렇게 희망 반, 걱정 반의 역전클럽의 하루가 지나갔다.

역전 7일째. 얼마 전 치른 중간고사 성적표가 나왔다. 고등학교 입학 후 치른 첫 시험이다. 그런데 성적표를 받아든 아이들의 표정이 밝지가 않다.

한마디로 '멘붕'이다. 부모님께 어떻게 말해야 할지 모를 정도로 착잡하다는 아이, 수학 등수가 '슬프다'는 말도 나왔다. 최소한 6개월은 노력해야 서서히 변화한다는 말을 숱하게 들었지만, 처음 희망을 가지고 시작한 공부라서였을까? 어느 정도 결과를 기대했던 마음이 배신당하자 실망도 배로 커진 모양이다.

종합적으로 보면, 상위권 두세 명을 제외하고는 성적이 대부분 부진하다. 백점 만점에 8점, 전교등수 343명 중 300등 아래인 최하위권 아이들도 적지 않다.

이제 한 주를 버틴 역전클럽. 꼴찌에게나 전교 1등에게나 하루 종일 공부하라는 건 힘들고 싫은 일이다. 게다가 평소 소홀히 하던 공부를 갑자기 정해진 시간만큼 꾸준히 한다는 건 여간한 의지 아니면 힘들다. 처음 한 주를 버틴 이 아이들은 중간고사 성적과 함께 찾아온 고비를 잘 넘길 수 있을까?

수업 시간, 졸거나 딴짓하거나

잠시 후 주희가 공부하다 말고 교실을 나갔다. 배가 아파서 조퇴한다고 했다. 말로는 떨어질 대로 떨어진 성적이라 익숙해졌다고는 하지만, 성적에 대한 부담과 상실감은 어쩔 수 없나 보다.

희나는 때 아닌 바느질에 빠졌다. 학교 정규 수업 시간에도 영 관심이 없어 보인다. 민준이는 수업에 집중하겠다고 큰소리를 쳤지만, 막상 수학 수업이 무르익자 수업 내내 쏟아지는 졸음과 씨름 중이다.

이 아이들뿐만 아니라 역전클럽의 많은 아이들도 수업 따라가기가 버겁게만 보인다.

역전 보름째로 접어들자, 상황은 더 심각해졌다. 서로 친해진 아이들은 물총놀이에 빠져 서로 물총을 쏘아대며 자율 학습실을 돌아다니기 시작했다. 축구를 안 한다고 약속했다는 성빈이는 시간 가는 줄도 모르고 운동장에서 공을 차고 있다. 약속을 상기시키는 제작진에게 "여덟 시까지만 하려고요"라며 그만둘 생각을 안 한다. 한눈에도 공부할 생각이 없어 보인다.

선생님이 자율 학습실에 들어와 상황을 정리하지만, 그 뒤로도 아이들은 좀처럼 마음을 잡지 못했다. 공부 시작한 지 얼마 지나지 않아 잠이 들어버리기도 하고, 어떤 아이는 스마트폰을 일괄 수거하기로 한 규칙을 깨고 게임에 푹 빠져 있다. 아예 자율 학습실을 이탈해서 밖에서 시간을 때우는 아이들도 보인다.

처음의 마음과는 다르게 갈수록 출석률이 저조하다. 잦은 결석으로 퇴출 위기에 놓인 아이들도 한둘이 아니다. 세 번을 무단 결석하면 스스로 나가기로 정한 규칙도 흐지부지, 지켜지지 않는다. 두 명은 이미 세 번을 결석했고, 두 번을 결석하고 경고 위기에 놓인 아이들도 있다.

스물여섯 명 중 네 명은 결국 역전클럽을 중도 하차했다. 한 달도 안 돼 네 명이나 포기하다니, 과연 무엇이 문제였던 걸까?

역전전략 둘! 알아야 길도 보이는 법, 선배의 재능을 활용하라!

모르면 모를수록 점점 멀어지고 하기 싫어지는 게 공부다. 부족한 학습을 채워주고 그때그때 막히는 문제도 시원히 해결해 공부의 길을 열어줄 열한 명의 멘토가 일대일 대응 작전에 나섰다.

아이들의 마음에 다가가다

아이들은 공부를 하다 모르는 점이 있으면 즉시 멘토들에게 달려갔다. "인수분해가 쉬웠어? 안 쉬웠어?", "쉬웠어요." "그치?" 하며 모르는 부분을 알려주기도 하고, 오늘 계획을 점검해주고 깔끔하게 복습하고 끝내자고 독려해주기도 한다.

지금 제일 힘든 점이 뭐냐고 묻자 유혹이 많고 집중이 잘 안 돼 힘들다는 아이에게는 '할 수 있을까'라는 불안함보다는 내가 오늘 최선을 다했을까를 생각하라는, 경험에서 우러난 조언들도 아끼지 않는다.

일 년 전까지 수능 공부를 하던 또래 선배가 공부뿐 아니라 아이들의 고민을 들어주고 마음 상태를 살펴주자 망망대해에서 든든한 항해사를 만난 눈치다.

대학생 멘토들은 어떻게 공부해야 할지 모르겠다는 아이들에게 가장 현실적인 조언을 했다. 바로 뷔페식 학습법이다. 뷔페를 좋아하는 사람들에게 이유를 물으면 대답은 비슷하다. 다양한 종류의 음식을 맛보면서 자신의 입맛에 맞는 요리를 고를 수 있기 때문이다. 학습법도 마찬가지다. 전문가나 학자가 소개하는 다양한 학습법을 두루 경험해보고 그중 자신에게 맞는 방법을 찾아가면 된다. 세상에서 노트 필기가 가장 중요하다는 사람이 있지만, 어떤 사람은 이 방법은 노트 필기만 하고 머릿속에 남는 게 없다고 비판한다. 되도록 많은 문제를 풀어 다양한 유형을 접하는 게 최고라고 하면, 어떤 사람은 한 문제를 풀더라도 완전하게 익히고 넘어가는 게 낫다고 말한다. 결국 가장 좋은 학습 방법이란 남에 의해 결정되는 게 아니라 자기 자신이 결정하는 것이다. 그러므로 실험 정신을 발휘해 다양한 방법들을 시도해보고 가급적 자신에게 맞는 최적의 학습 방법을 빨리 찾는 게 중요하다. 아무리 좋은 공부법으로 소문나도 내 몸에 맞지 않으면 무용지물과도 같다.

역전전략 셋! 매일매일 나를 성찰하라!

주희는 시험 보고 나서 친구들은 문제를 다 풀고 서로 비교하면서 정답을 맞히는데 자신은 그럴 필요가 없다고 했다. 선생님의 설명을 들어도 이해가 안 가니, 답답하기만 하다는 것이다. 주희의 문제는 개인의 문제가 아니라 기초가 없는 역전클럽의 많은 아이들에게 해당되는 문제다. 학력 수준이 뒤처지면 학교 진도를 절대 따라가지 못한다. 특히 수학의 경우 기초가 없는 상태에서 고등학교 수업을 따라가려고 하면 중학교 때 배운 기초적인 공식이나 원리, 개념을 응용하지 못해 금세 막히게 된다. 선생님이 가르쳐줄 때는 그럭저럭 이해한 것 같아도 문제 유형이 조금이라도 달라지면 응용을 못해 막히기 일쑤다.

이러한 기본적인 문제점을 공유하지 못한 아이들은 공부를 어떻게 해야 하는지, 또는 무엇부터 먼저 해야 하는지를 모르겠다고 했다. 그러다 보니 우선순위가 없어 학교 독서퀴즈가 있으니까 책을 읽었다가 어떤 날은 좋아하는 과목부터 손대기도 한다. 우선순위를 정해 지난번 수학 시험 본 것을 오답노트로 정리하며 자습 시간을 훌륭하게 보내는 아이도 더러 있지만, 대다수는 중요한 것, 덜 중요한 것, 필요 없는 것을 구별하지 못하고 무작정 학습지를 보거나 공식을 외우는 식이었다.

새로운 도전을 시작한 아이들에게 '하우투'를 알려줄 효과적인 방법은 무엇일까? 선생님과 전문가의 새로운 고민이 시작됐다.

새로운 소통의 기회를 마련하다

조영봉 선생님이 아이들을 불러모았다. 아이들과 의사소통하는 통로를 위해 뭔가를 하나 준비했기 때문이다. 학습을 마치기 30분 전, 아이들이 하루하루 자기 생활을 관찰하는 성찰 일지다.

"그날 자신에게 있었던 일도 좋고, 또는 선생님한테 하고 싶었던 말을 적어도 좋습니다. 뭐든지 적어도 좋아요. 안 적어도 상관없고요. 이걸 적으면 내일 담당 선생님이 오셔서 읽어보고 밑에다가 코멘트도 달아줄 거예요."

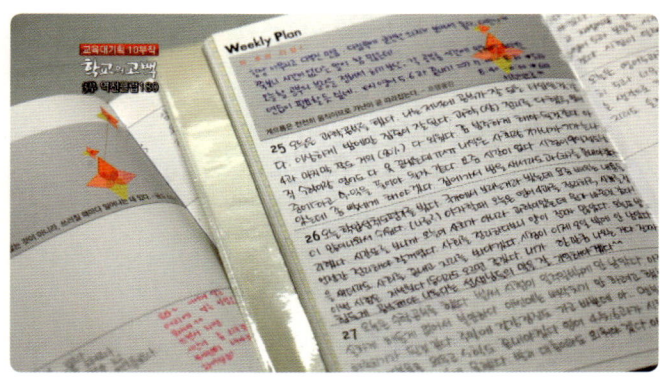

그날 한 공부에 대한 세세한 것을 기록하는 성찰 일지.

성찰 일지는 공부 계획을 세우고, 잘 지켰는지 스스로 평가도 하고, 공부 의지를 가로막는 고민들까지 기록하는 관찰 일지다. 하루 일과가 끝나기 전에 10분 동안 하루를 돌아보면서 아침에 눈뜰 때부터 시작해 수업 시간, 점심 시간, 자율 학습 시간의 나를 관찰해 형식과 내용에 구애받지 않고 자유롭게 글을 쓰거나 마음 그래프를 그리는 식이다.

보통 시험을 앞두면 학생들이 일주일 단위, 또는 하루 단위로 학습 계획을 세웠다가 실패하는 이유는 이것이 양적 계획이기 때문이다. 오로지 공부 분량에 맞춰 계획을 세우면 길어야 일주일 정도 지켜지고 계획이 조금씩 어긋나거나 뒤로 미뤄지는 일이 발생한다. 보충을 하면 좋겠지만 이미 지금의 계획도 호락호락하지 않은 게 현실이다. 그때부터는 계획을 지키지 못하는 자신이 미워지고 수시로 짜증이 나기 시작한다.

이러한 악순환이 반복되지 않으려면 공부 계획이 아니라 나 자신을 아는 것부터 필요하다. 자신에 대한 객관적인 정보를 모으는 것이다. '내가 좋아하는 과목과 싫어하는 과목은 무엇인가'부터 '그 과목에서 가장 부족한 것은 무엇인가?', '나의 하루 학습량은 어느 정도인가', '내 집중력의 한계는 몇 분 혹은 몇 시간인가', '언제 가장 공부가 잘 되는가', '가장 졸린 시간은 언제인가'를 성찰해 정보화시킨다. 이와 같은 자기 분석을 하면 마음의 기복이나 의욕의 변화를 파악할 수 있고, 최소한 내가 무엇을 알고 모르는지 그 경계가 확실해진다.

성찰 일지가 일주일치 쌓이면 내 생활 패턴과 공부 패턴이 보인다. 내가 주로 무슨 일을 하며 하루를 보냈는지가 보이고 어떤 과목을 주로 공부하는지를 알게 된다. 하루 평균 영어를 몇 쪽 공부했는지도 수치화할 수 있다. 하루가 가늠되면 그때는 자신이 할 수 있는 분량만큼 계획하기도 가능하다. 지키지 못할 계획을 세워 스스로에 대해 실망하거나 좌절감에 마음 아파할 이유도 없다.

여기에 더해 구체적인 자기만의 학습 방법을 파악하는 것은 아주 중요하다. 하루에 한 과목을 공부하는 게 편한 학생도 있지만, 하루 한 과목을 진득하게 붙들고 있는 건 지루하다는 학생도 있다. 후자의 경우 시간마다 1교시, 2교시, 3교시로 나누어 과목을 배분하는 게 좋다. 단, 1교시는 주요 과목을, 2교시는 자신이 하고 싶은 과목을, 3교시는 독서를 하는 방향이 좀 더 효과적이다.

"선생님도 성찰 일지로 아이들의 그날그날의 감정도 알 수 있고 공부하는 방법도 알 수 있어 좋아요. 아이들이 뭘 어려워하고 좋아하는지 알 수 있으니까요. 그리고 애들이 어려워하는 점에는 조언 같은 것을 해줄 수 있는 것도 좋은 것 같아요."

- 임슬기 선생님

"아이들이 갖고 있는 한계를 제대로 지적하고 도와주는 게 필요한데 성찰일지를 통해서 스스로 갖고 있는 계획이 어떻게 무산되고 어떻게 하면 잘 되는지를 확인할 수 있도록 도와주기만 해도 아이들은 죽어 있던 잠재력을 발휘할 수 있습니다."

— 박재원 소장

더불어 공부에 집중하지 못하고 갈피를 못 잡는 아이들을 위한 간단한 훈련도 병행했다. 모든 일을 자율에 맡기다 보니 공부에 집중해야 할 시간에 잠에 집중하는 아이가 있는가 하면, 10분을 겨우 버티고는 시계를 보거나 딴짓을 하는 아이들이 생겨났기 때문이다.

사실 우리는 명문대에 들어간 학생들은 적어도 집중 시간이 몇 시간은 될 거라고 믿는다. 그러나 당사자들에게 물어보면 집중 시간은 20~30분이다. 일반 학생들의 경우에서 크게 벗어나지 않는다. 단지 두 집단의 격차는 집중력이 떨어졌을 때 대처하는 자세에서 벌어진다. 보통은 짜증을 내거나 집중하지 못하는 자신을 책망하면서 부정적인 생각으로 흐르지만, 상위권 학생들은 집중력이 흐트러졌다는 걸 인정하고, 곧 다시 집중한다.

박재원 소장은 여기에 더해 시험에 대한 부정적인 생각을 긍정적으로 바꿀 것을 제안했다. 자주 하는 부정적인 생각을 긍정적으로 바꿔 마음을 다잡는 훈련이다. 다음은 아이들이 적은 생각의 변화다.

부정적 생각을 긍정적으로 바꾸기

- 억지로 공부해야 한다.
→ 억지로 공부할 필요 없다. /여유롭게 공부한다. /미래를 생각하자.
- 시험 기간에는 컨디션이 나빠도 억지로 공부해야 한다.
→ 할 수 있는 만큼 하자.
- 남들은 열심히 하지만 난 공부한 게 없다. 열심히 해도 성적이 오를 리 없다.
→ 나는 날 믿는다.
- 지금부터 열심히 해도 시험 범위를 다 공부하긴 어렵다.
→ 분량부터 잡자. 아직 시간이 있다.
- 시험 기간도 부담스럽고, 시험 공부를 열심히 하지 못했다.
→ 열심히 했으니까 잘할 거야.
- 계획을 잘 세우면 뭐하나. 어차피 포기할 건데.
→ 어떻게 될지는 아무도 모른다.

여러 날에 걸쳐 전문가들과 학생 멘토들이 번갈아가며 구체적으로 방향을 잡아주자 아이들도 막연하게만 느껴졌던 공부에 대한 상이 잡히는지 고개를 끄덕였다. 지금은 아이들에게 가장 절실한 시험 문제로써 받아들일 뿐이지만 궁극적인 목적은 이 과정을 통해 인생을 도약시키고 새로운 성취감을 느끼는 데 있다. 시험은 인생에 있어서 그 일부일 뿐이다.

이렇게 아이들은 시간이 갈수록 스스로를 계획하고 점검하는 방법을 터득해갔다.

인정과 격려가 필요할 때

대화가 없는 집

야간학습을 마치고 어두운 길을 가르며 재민이가 집으로 향했다. 역전클럽 아이들 중, 가장 얌전하고 조용한 재민이는 지금껏 결석 한 번 하지 않은 모범생이다. 한집에 산다고는 하지만 늦게 일을 마치는 아빠와는 얼굴을 마주치는 일이 많지 않다. 어쩌다 마주해도 짧은 인사 몇 마디뿐, 더 이상의 대화는 없다.

고요하기만 한 집에서 재민이는 휴대전화를 만지작거리다가 잠든다. 고된 일을 하는 아빠는 재민이가 공부를 잘 하고 있는지 신경 써 줄 마음의 여유가 없는 듯하다.

낮은 자신감으로 무기력에 빠진 아이들에게 가장 필요한 건 인정과 격려다.

우리나라 학생의 학업성취도가 세계적으로 최상위권이라는 건 잘 알려진 사실이다. 2010년 조사에서도 OECD 국가 중에서도 핀란드에 이어 2위를 차지했다. 그런데 이러한 기록을 마냥 기뻐할 수만은 없다. 2009년 한국청소년정책연구원의 조사에 따르면 15세 이상의 우리나라 학생이 일주일에 공부하는 시간은 49.43시간으로 단연 최고다. OECD 평균인 33.92시간에 비하면 15시간 이상 많았다. 평일 학습 시간도 평균 7시간 50분으로 OECD 국가들보다 3시간 가까이 많았다. 국제학업성취도 1위를 차지하며 우리나라와 항상 비교되는 핀란드와 비교해보면 그 차이는 더 뚜렷해진다. 핀란드의 평일 학습 시간의 평균인 6시간 6분에 비해 2시간가량 더 많다. 학업성취도와 공부 시간을 종합적으로 비교해보면, 공부 시간은 길고 학업성취도는 떨어지는, 학습 효율 면에서 매우 질이 낮은 공부를 하는 셈이다.

치열한 경쟁 속에서 고등학생 자녀를 둔 부모는 아이와 마찬가지로 입시 몸살을 앓는다. 사교육을 통해 관리, 통제하고 어떻게든 공부 시간을 늘리려고 하다 보니, 아이뿐 아니라 부모도 힘들다. 컨디션이 안 좋아 집에 일찍 오면 "왜 이렇게 일찍 왔어?"라고 묻고, 늦게 집에 가면 "너 오늘 몇 시간 공부했어?"를 묻는 부모를 아이들은 어떻게 생각할까? 아이들은 부모의 희생을 진심으로 이해하고 고마워할까?

명문대 입학이 곧 아이의 성공이자 행복이라고 생각하지만, 입시 경쟁에 내몰리는 아이들의 현재의 삶은 행복과는 거리가 먼 것이 사실임에는 틀림없다.

역설적이게도 자신에게서 희망을 발견하기 위해 입시 경쟁에 뛰어든 이 아이들에게 지금 필요한 건 무얼까? 바로 아이들의 선택을 믿어주고 변함없이 응원을 보내고 아낌없이 격려를 하는 부모의 모습이다. 학교를 찾은 부모들 또한 역전클럽을 시작하며 새롭게 도전하는 아이들 못지않게 내심 불안한 마음이 있었지만 이제 자녀의 선택을 믿어주고 격려를 아끼지 않겠다고 약속했다.

그 사이 1학기 기말고사를 마치고 한 학기가 끝났다. 벌써 역전 180일의 절반인 93일째에 다다랐다. 그런데 여름방학을 앞두고 예상치 않은 복병이 튀어나왔다.

부모와 아이들의 다짐 속에서

중단 선언을 하다

희나가 갑작스럽게 역전클럽을 중단하겠다고 선언했다. 아이들이 술렁였다. 저마다 갖가지 위로의 말로 희나의 마음을 돌리려고 했지만, 희나는 이미 마음을 굳힌 상태다. 아이들의 계속되는 설득에도 그저 고개를 젓는다. 이제 와 그만두려는 이유는 무엇일까?
"방해되는 거 같아서요. 저기 있으면 떠들게 되고 그래서 (그만두려고요.) 그냥 도서관 다니려고요."

희나뿐만이 아니다. 학습 시간이 훌쩍 지났는데도 자율 학습실은 빈 자리 투성이다. 여름방학을 앞두고 마음이 헤이해진 탓일까, 출석률이 그야말로 최악이다. 처음부터 아이들을 가까이에서 지켜본 선생님의 걱정도 이만저만이 아니다. 어느 정도 이탈은 예상했지만, 예상보다도 심각하다. 공부가 습관이 되지 않은 아이들에게 중간고사와 기말고사는 조그만 산과도 같다. 아직 넘어야 할 산은 많은데 산 하나를 넘고서는 거의 끝났다고 생각하는 건 아닌지, 걱정스럽기만 하다. 아이들의 마음을 다잡아줄 새로운 대책이 필요했다.

역전을 위한 아주 특별한 여행

역전 104일. 역전클럽 아이들이 특별한 여행을 떠났다. 바로 역전 캠프! 지금까지 달려온 도전에 잠시 쉼표를 찍고 아이들 스스로 자신을 되돌아보는 시간이다. 학교와 도심을 벗어나 자연을 찾은 아이들은 마냥 신이 났지만, 그도 잠시, 숙소에 짐을 풀고 다시 운동장에 모인 아이들에게 청천벽력과도 같은 말이 떨어졌다.
"오늘의 일정을 말씀드리겠습니다. 오늘은 여러분이 학수고대하던 추풍령 둘레길 30킬로미터 행군이 있습니다."

이번 캠프의 목적은 자기 한계에 도전하고, 스스로의 의지를 다지는 것! 그 방법으로 도보로 무려 7시간이나 걸리는 거리를 횡단해야 한다. 무더운 날씨에, 아이들에겐 힘겨운 도전이 될 듯하지만, 아이들 모두 힘차게 발을 내딛었다. 그렇게 걷기를 3시간. 서서히 지쳐가는 아이들의 표정이 일그러졌다. 대화가 끊이지 않던 길에는 어느새 침묵이 찾아오고, 지친 표정에 졸음까지 쏟아진다. 놀라운 건 지친 표정으로 한 발 한 발 더디게, 천천히 가면서도 포기를 모른다는 것. 지민이는 물을 부어 뜨겁게 달아오른 얼굴의 열을 식히면서 "완주하고 싶어요", "끝까지 갈 거예요"라고 했다.

아무리 끝이 보이지 않는 막막한 길도 묵묵히 걷다 보면, 반드시 골인점에 도달하는 이치를 깨달은 걸까. 낙오자 없이 아이들은 끝까지 완주했다. 그 뒤에 찾아오는 뿌듯함을 무엇으로 표현할 수 있을까. 희나에게는 마음만 먹으면 할 수 있다는 자신감을, 진현이에게는 정한 목표를 달성했다는 성취감을, 주희에게는 앞으로 있을 더 힘든 일을 버틸 수 있는 인내력을 선물하며 성적이란 잣대에 이리 치이고 저리 치여, 무너져 버린 아이들의 마음을 다독여주었다.

그리고 그날 밤, 예상치 못한 뜻밖의 시간이 기다리고 있었다.

부모님의 응원, 그리고 눈물

모닥불을 피우고 둥그렇게 모여 앉은 아이들 앞, 화면 속으로 부모님이 나타났다. 제작진이 몰래 준비한 부모님의 영상편지다.
"엄마가 일한다고 신경 못 쓰고, 환경이 힘든데도 공부 열심히 해줘서 고마워. 엄마가 공부, 공부 얘기 안 해도 스스로 공부해서 학생으로서의 본분을 지켜줘서 정말 고마워. 사랑해."
그동안 그 누구보다 열심이었던 재민이는 엄마의 목소리가 울려퍼지는 순간, 울컥하며 코 끝이 빨개졌다.

재민이 부모님의 뒤를 이어 역전클럽 학생들의 엄마, 아빠가 화면 속에 나타났다 사라졌다. 평소 바쁘다는 핑계로, 쑥스럽다는 핑계로 묻어두었던 말들을 쏟아내는 엄마, 아빠의 모습에 아이들도 숙연해졌다. 어느 곳에 있든, 어떤 상황이든 아들, 혹은 딸을 사랑한다는 말보다 더한 응원이 어디 있을까. 성적 타령만 한다고 원망했는데 부모님의 진심을 확인하면서 아이들도 어느새 하나가 되어 눈물을 흘렸다.

"만날 엄마는 저한테 부족한 거 같다고 얘기하니까. 엄마가 해주는 거에 비하면 전 정말 아무것도 안 하거든요. 너무 미안해서 울었어요. 성적 얼마나 올릴지 그런 거는 생각 안 하고 최선을 다해서 공부하고 싶어요. 지금까지 제대로 한 번도 해본 적 없는데 이번에라도 제대로 해보고 싶어요."

아이들은 저마다의 각오와 다짐들을 마음에 새로이 새겼다.

스스로 변화를 일구어낸 아이들

선생님과 멘토들의 든든한 지원과 부모의 믿음과 응원. 교육의 트라이앵글이라고 할 수 있는 학생과 교사와 부모가 마음을 모으자 그 변화는 빠르게 시작됐다.

역전 110일. 본격적인 여름방학 학습에 들어가기에 앞서 아이들이 환경 개선에 나섰다. 칸막이를 하고 개별 학습에 집중했던 교실을 확 트인 곳으로 옮겨 공부하기로 한 것이다. 동시에 조별로 담당 멘토를 정해 수준별 협동 학습을 실시했다.

협동 학습은 3~4명씩 모둠을 지어 주제를 중심으로 탐구하는 학습 방법이다. 과거 교사가 일방적으로 가르치던 방식에서 벗어나 모둠의 조원들이 함께 자료를 찾고 토론하며 지식을 체계화하는 방법으로, 다른 학습자의 말에 귀를 기울이고, 배려하는 자세 또한 기를 수 있다.

함께 문제를 해결하는 아이들

네 명이 한자리에 모여 열띤 토론이 벌어졌다. 모르는 건 옆 친구가 알려주고, 아는 건 아는 만큼 설명하고, 누구 하나 딴짓하는 아이가 없다.
설명이 끝나면 "오~ 수고했어"라는 소리와 함께 누가 먼저인지 모르게 아이들은 웃으며 박수를 쳤다.

아이들에게 서서히 변화가 찾아오고 있다. 서로 머리를 맞대고 수학 문제를 풀기 시작하고, 공부에 임하는 눈빛과 태도도 예전과는 다르다. 공부에 있어서 늘 주눅 들었던 때와는 달리 당당히 자기 목소리를 내고 적극적이다. 이해가 안 됐던 문제를 친구가 풀어주니까 이해하기도 쉽고 다양한 문제해결 방식도 배울 수 있다. 공만 차던 아이도 축구는 새벽에 차기로 정하고 역전클럽에 빠지지 않고 나온다.

내내 아이들의 달라진 모습을 지켜봤던 선생님들의 감회도 남다르다. 함께 공부하고, 놀고, 생활하면서 서로를 독려하고 문제를 함께 풀어가는 과정이 아이들을 변화시켰다는 사실을 새삼 느끼는 중이다.

어느새 두 계절이 지나고 가을이 왔다. 2학기 중간고사도 시작됐다. "공부 많이 했어?" 각오를 묻는 질문에 지선이는 "왠지 좋은 느낌이에요"라고 답했다. 재민이의 대답도 같았다. 잘 모르겠지만 이상하게 느낌은 좋다고 했다. 지민이는 시험을 칠 때 "전에는 엄청 긴장됐는데 요즘

에는 별로 긴장이 안 되는 거 같아요"라고 했다. 저마다 자신이 없어서 잘 모르겠다고 대답했을 때와는 사뭇 각오도 다르고 표정도 다르다. 공부를 많이 해서 자신이 있다는 뜻일 것이다.

종소리가 울리고 드디어 2학기 중간고사가 치러졌다. 역전클럽을 하면서 실시된 세 번째 시험. 지난 6개월 동안 희망과 좌절을 오가면서 노력한 과정의 결과가 어떻게 나올지 궁금하다.

과연 결과는 어떻게 나왔을까? 아쉽게도 성적이 떨어진 아이들도 있었지만 적게는 2등에서 많게는 64등까지 전교 석차가 올랐다. 3분의 2 이상의 아이들이 성적이 향상된 것이다!

내가 나를 존중할 때

역전 :
「1」 형세가 뒤집힘. 또는 형세를 뒤집음. 「2」 거꾸로 회전함. ≒역회전. 「3」 일이 잘못되어 좋지 아니하게 벌어져 감. 「4」 하층의 기온이 상층의 기온보다 낮아지는 일. 또는 그런 상태. ≒온도 역전.

- 국립국어연구원

우리는 흔히 인생 역전이라는 말을 많이 한다. 비루하고 보잘것없는 인생이 어느 순간 역전되기를 꿈꾸면서 하는 말이다. 이때의 역전은 '형세를 뒤집음'이라는 뜻이다. 역전클럽 또한 시험 역전의 희망에서 시작되었다. 공부가 곧 성공이라는 등식에서는 패배자가 될 수밖에 없는 아이들에게 형세를 뒤집을 기회를 주기 위해서였다. 희망 반, 걱정 반으로 시작한 역전클럽은 때로는 '일이 잘못되어 좋지 아니하게 벌어져가기'도 했다. 기대만큼 성적이 오르지 않아 좌절하기도 했고, 그 좌절을 이겨내지 못하고 이탈한 아이들도 있었다.

하지만 선생님과 멘토들의 조언, 친구들과의 협동 학습, 그리고 스스로에 대한 자신감을 회복할 수 있었던 여름 캠프를 거치며 아이들은 부쩍 성장했고, 진짜 역전의 참맛을 느꼈다. 공부역전으로 시작한 프로젝트이지만 공부만으로 끝나는 역전은 아니다.

잃어버렸던 자신감 회복은 아이들에게 일등보다 더욱 값진 역전이었고, 어떤 편견과 역경에도 흔들리지 않을 자신감을 마음에 단단히 새길 수 있었다. 181일째를 넘어 새로운 역전의 인생을 살게 되는 아이들. 그 아이들이 발견한 것은 무엇일까?

"성격도 밝아졌고 하고 싶은 것도 찾은 것 같아요."
"공부라는 단어 자체가 싫었는데 하고 싶다는 의지가 생겼어요."
"뭔가 나한테 자신감이 생겼다고 해야 할까. 공부는 아직 모르겠는데 혼자서도 잘할 수 있을 것 같은 느낌이 들어요."
"주눅 드는 게 사라지고 애들이 뭔가를 물어보면 그에 대한 답을 해줄 수 있게 됐어요. 저한테는 일석이조죠. 공부도 하고, 자신감도 생기고!"
"포기하지 않고 계속했구나. 그게 제일 대단한 것 같아요."

'공부 못하는 아이'라는 낙인 속에 아이들은 좌절해왔지만 그것이 인생의 끝을 의미하는 것은 아니라는 것을 알게 되었다. 180일의 과정을 통해 아이들은 자발적으로 공부 습관을 만들었고 스스로의 의지에서 출발한 프로젝트였기 때문에 더더욱 그 과정을 인내하며 견뎌냈다.

180일 동안 아이들에게 일어난 가장 큰 변화는 나도 해낼 수 있다는, 자신을 존중하는 마음이 생겼다는 점이다. 공부로 인한 좌절 경험으로 계속 실패만 하는 것이 아니라 비록 지금은 힘들더라도 다음에는 더 잘할 수 있다는 자신감이 생긴 것이다. 앞으로도 아이들은 몇 번의 실패, 더 아픈 상처를 마주하게 될 것이다. 하지만 나 자신을 믿으면 끝내 성공할 수 있다는 마음을 얻었다.

그렇게 아이들은 진정한 역전을 이루었다.

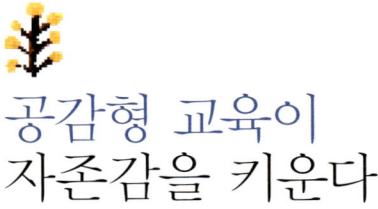
공감형 교육이 자존감을 키운다

아이에게 결정권 돌려주기

역전클럽은 공부를 잘하게 만드는 프로젝트라고 말하지만, 정확하게는 자존감 회복 프로젝트다. 패배 의식과 열등감이 있는 아이들이 자율적으로 공부할 수 있게끔 만들어주어 상처를 치료하고 자신감을 얻도록 하는 데 그 목적이 있다. 공부와 연결되어 있지만, 공부 외적으로 이러한 심리적인 부분이 인생에 많은 영향을 끼치기 때문이다.

아이들은 성적 향상을 기대하며 역전클럽의 문을 두드렸지만, 6개월의 과정은 공부에 한정되지는 않았다. 전문가들이 가르쳐준 것도 공부 기술이 아니라 마음을 다스리는 법이 많았고, 수시로 성찰 일지를 쓰며 자기 성찰을 하라고 주문했다.

공부 훈련으로만 생각했던 역전클럽의 모든 결정은 아이들에 의해서 이루어졌다. 하다못해 공동으로 지켜야 할 최소한의 규칙도 아이들 스스로 정했고, 자율 학습 시간을 무엇을 하며 보내는지도 학생 스스로의 판단에 맡겼다. 성적 올리는 법을 가르쳐주리라고 기대했던 아이들은 교사와 멘토, 전문가들의 지켜보기가 하나도 도움이 안 된다며 항의하기도 하고, 참지 못하고 중도 포기한 아이들도 있었다.

그중에는 공부를 스스로 해본 적이 없다는 아이도 있었다. 학원을 다니다 보니 선생님이 짜준 일정대로 기계처럼 해나가면 되었고, 중요한 문제 또한 선생님이 찍어주는 것만 풀어주면 되었기 때문이다. 학원에서야 하라는 대로 하면 그때는 별문제 없이 지나가지만, 집에 오면 그때부터는 막막하다고 했다. 집에 오면 혼자 무얼, 어떻게 해야 할지 모르겠다는 거다. 일부러 학원을 끊고 혼자 공부할 수 있다는 것을 다른 누구도 아닌, 자기 자신에게 보여주고 싶다는 아이도 있었다.

역전클럽의 가장 큰 원칙은 자율성, 곧 스스로 결정하는 것이다. 부모와 교사가 환경을 만들어줄 수는 있지만 공부를 대신해주지는 못한다. 아무리 공부가 중요하다고 강조하고, 완벽한 시간표를 세워주어도 이미 수동적이 된 아이들은 마지못해 공부를 하거나 상황을 모면하기 위해 거짓말을 하기도 한다. 그럴 때 가장 현명한 방법은 결정권을 다시 주인에게 돌려주는 것이다. 결정권을 주면 아이들은 스스로 판단하고 최선의 결정을 하기 위해 노력한다. 실제로 선생님이 일괄적으로 결석 3번이면 퇴출이라는 원칙을 정했다면, 무관심했을 아이들은 실제 퇴출 위기에 몰린 아이가 나오자 논의를 통해 퇴출을 할 것인지, 말 것인지를 신중하게 판단하고 결정했다.

180일 동안 아이들이 얻은 것은
스스로 결정하는 힘에서 나온 자신에 대한 믿음이다.

아이에게 결정권을 돌려주면 올바르게 판단하지 못할 거라고 염려하는 부모들이 많지만, 대개는 기우에 불과하다. 결정권을 돌려준다는 건 스스로 결정하는 것뿐 아니라 결과에도 책임을 져야 한다는 의미도 포함되기 때문이다. 아이에게 장난감이나 옷을 하나 고르라고 하면 색부터 모양까지 신중하게 따지며 고르듯이 아이들의 마음가짐부터 달라진다. 아이가 사회에 나가 경쟁력을 갖추기 위해서는 부모에 의존하지 않고 아이 스스로 배우고 선택할 수 있는 기회가 많아져야 한다.

가치관의 차이가 아이에게 힘을 준다

1960년, 스롤리의 블로토닉 연구소에서 아이비리그 졸업생 1,500명을 대상으로 한 가지 재미있는 실험을 했다. 이 실험의 목적은 졸업생의 직업 선택의 동기와 성공 여부와의 상관 관계를 알아보는 것이었다. 졸업생들의 83퍼센트(1,245명)는 직업 선택 기준을 '돈'이라고 응답했고, 나머지는 하고 싶은 일을 찾아 직업을 선택하겠다고 대답했다.

20년 후, 백만장자를 조사해 그 성공 여부를 추적했다. 1,500명 중 백만장자는 101명이었다. 그런데 아이러니하게도 백만장자 중에서 '돈'을 동기 부여로 삼은 졸업생은 1명에 불과했고, 100명은 하고 싶은 일을 찾아 직업을 고른 졸업생이었다. 졸업 당시만 해도 '돈'을 선택한 그룹이 나머지에 비해 4배가 많았지만, 성공은 그와 정반대였다.

부모는 공부를 성공의 가치로 생각한다. 성적이 좋으면 좋은 대학에 들어가고 좋은 직장에 들어가 돈을 많이 버는 공식을 성공의 로드맵이라고 착각한다. 이와 같은 부모의 가치관 앞에서 아이는 무기력하다. 고급 정보를 입수해 실력 있는 사교육에 맡기고, 아이가 잘 쫓아오는지 불안해 학원에 잘 다니는지 감시하고 통제한다. 하지만 미래의 성공을 위해 지금의 행복을 포기하고 달려가도, 그중에서 극소수만이 성공하고 대다수는 실패한다.

실제로 아이에게 즐겁게 할 수 있는 일을 하라고 말을 하고 싶지만, 현실에서는 어쩔 수 없다는 말로 변명한다. 꿈을 이야기한다며 좋은 직업을 강조하고, 행복을 이야기한다며 공부를 말한다. 정말 돈이나 명예, 좋은 직장, 권력이 부모가 아이에게 심어줄 가치관으로 적당할까?

그것은 아이 중심에서 나온 생각이 아닌 부모의 욕심이나 기대일 뿐이고, 부모가 이를 내려놓지 못하는 건 아닌지 생각해봐야 한다. 아무리 성적이 중요하다고 해도 성적이 인생의 전부일 수는 없다. 무언가를 배워가는 과정은 분명히 필요하지만 그것이 점수라는 결과로 평가되는 게 아니라, 과정을 통해 얻어지는 것임을 인정해야 한다.

더디고 천천히 가더라도

시대는 급속하게 변하고 글로벌 시대에 적응하는 인재가 되려면 창의적이어야 한다는 말을 한다. 사냥을 주업으로 삼던 원시 시대에는 사냥꾼이 인재였고, 지식이 인재 요소로 평가받던 시대도 있었다. 현재는 인터넷이라는 거대한 지식 창고가 등장하면서 지식을 활용한 창의적 인재가 중요해졌다. 국경을 허문 글로벌 마인드와 여러 분야를 융합한 사고를 가진 인재가 대접을 받는다.

그렇다면 창의적 인재를 기르기 위해서는 마음을 내려놓는 데서부터 시작해야 한다. 기대가 많을수록 믿음은 불안으로 바뀌어 통제의 울타리를 강화하고, 잔소리하고, 가르치려고 하게 된다. 아이가 지금 무엇에 호기심을 느끼고 흥미를 가지는지를 관찰하라. 학교는 정규 교육 과정이 있어서 정해진 순서대로 나아가지만, 가정에서의 교육은 정해진 틀이 없다.

성장하면서 아이는 여러 단계의 장애물을 넘고 그 어려움을 견디고 이겨야 하는 순간이 있다. 그때 아이에게 가장 힘이 되는 건 '마음 읽기'다. 아이의 마음을 공감하고 네 마음을 이해한다고 말해주는 것이다. 아이의 진짜 마음을 확인시켜주고 지지하면 아이는 그때부터 소통을 하려고 한다.

공감은 아이를 존중하는 것에서부터 출발한다. 아이를 존중하면 아이는 부모를 신뢰하고, 정서도 건강해진다. 아이의 성장 속도와 리듬에 맞추기만 하면 된다. 더디 가면 더디 가는 대로, 천천히 꾸준하게 격려하고 인정을 하면 아이의 마음도 자란다. 충분히 생각하도록 기다리고 인정해주면 아이는 천천히 가더라도 결국 정상까지 이를 것이다.

Bonus Tip

실패해도 좌절하지 않는 자존감 있는 아이로 키우기
- 자신감 up, 자존감 up 프로젝트

우리나라는 경쟁 사회다. 경쟁 사회에서 단 한 번의 실패도 하지 않고 성공만 경험한 사람은 없다. 대다수는 크고 작은 실패를 여러 번 겪는다. 어떤 아이는 실패를 겪으면 이를 극복하고 다시 도전하지만 어떤 아이는 다시 일어서지 못하고 포기하고 만다. 비슷한 환경에서 비슷한 수준의 교육을 받는다고 했을 때, 그 차이를 가늠하는 건 바로 자존감의 차이다.

역전클럽은 성적 역전이라는 표면적 이유 외에 장기적으로는 좌절을 극복하는 자존감의 역전이라고 할 수 있다. 아이들은 또래들과 경쟁해야 하는 상황에 대다수는 잘한다는 말보다 못한다는 말을 들었고, 낮은 성적으로 주변의 아이들과 비교 당하면서 자신감을 잃은 상태였다. 역전클럽의 아이들은 자신감과 자존감의 사이에서 위태하고 흔들리는 아이들이었다. 자신이 잘할 것이라는 믿음을 주고 자존감을 북돋아주면 그 위기를 넘기고 자신을 단단하게 세울 수 있지만, 그 위기를 잘 넘기지 못하면 자존감도 낮아져 몇 번의 실패가 더해지면서 좌절하거나 포기하고 만다.

실패를 해도 두려워하지 않도록 자존감을 키워주는 부모의 역할은 무엇일까? 물론 자존감 높은 아이로 만드는 가장 강력한 힘은 부모가 아이를 믿고 끊임없이 격려하고 사랑을 주는 것이다.

1. 실패를 꾸짖는 데는 기술이 필요하다

같은 실수를 반복하지 않도록 하기 위해 일부러 아주 엄격하고 과장되게 야단치는 부모가 있다. 그러나 자신이 한 실수에 비해 크게 야단을 맞으면 아이는 겁을 먹고 자신이 뭘 잘못했는지를 깨닫지 못하게 된다.

아이가 실패를 했을 때는 꾸짖기에 앞서 아이에게 해명할 기회를 주자. 아이는 아이 입장에서 왜 그런 행동을 했는지 생각해볼 수 있고, 엄마는 아이가 왜 실패했는지 이해할 수 있다.

아이의 자존감을 다치지 않게 한다는 명목으로 칭찬만 하고 혼내지 않는 경우도 있는데, 잘한 일에 대해서는 칭찬을, 잘못한 일에 대해서는 혼내주는 게 당연하다. 단, 혼내더라도 아이의 자존감이 다치지 않게 혼내야 한다. 감정을 섞어 화를 내는 건 자존감을 해치는 가장 나쁜 형태의 혼내기다. 남과 비교하거나 과거의 잘못까지 반복해서 혼내는 것 또한 아이의 수치심을 자극하기 때문에 피해야 한다.

2. 타고난 기질을 인정하라

타고난 기질은 아무리 욕심을 부려도 180도 바뀌기는 힘들다. 무리하게 아이의 성격을 바꾸려다가는 되레 아이가 상처를 받고 주눅 들고 마는 역효과가 생긴다. 엄마가 생각했을 때 아이의 단점이라고 생각되는 성격이 장점이 될 수도 있다. 예를 들어 소심한 아이는 앞에 나서거나 자신의 의견을 잘 표현하지 못하는 대신 꼼꼼하고 다른 사람을 배려하는 장점이 있다. 말이 느린 아이는 느린 대신 생각이 깊다는 장점이 있다. 아이의 기질을 있는 그대로 인정해주자. 그 기질의 장점이 잘 발휘될 수 있는 상황을 만들면 아이는 크고 작은 시행착오를 겪으면서 자신의 단점을 극복하는 방법을 배울 수 있다.

3. 상벌은 일관성 있게

때로는 아이가 실패했을 때 벌이 필요할 때가 있다. 능력은 뛰어난데 그리 노력하지 않았다거나 부주의로 같은 실수를 반복할 때는 주의를 줘야 한다. 만약 중요한 실수로 실패했는데도 그냥 넘어가버리거나 아주 작은 벌을 주는 것으로 끝나면 아이는 죄책감을 못 느끼고 같은 실패를 경험하기 쉽다. 아이에게 벌을 줄 때는 합리적이어야 한다. 잘한 일에는 칭찬과 격려를 해주는 게 당연하지만, 사소한 잘못에는 주의를 주고 큰 잘못에는 위중하게 야단을 쳐야 한다. 이때 부모가 합리적인 태도와 일관성을 보여주어야 아이가 자아상을 건강하게 키워갈 수 있다.

아이를 훈육할 때는 벌 결정권을 아이에게 맡기자. 상황별로 자신의 실패에 책임을 지고 본인이 받아야 할 벌을 스스로 선택하게 한다. 벌은 아이가 좋아하는 놀이나 활동을 줄이거나 좋아하지 않는 활동을 추가하는 정도가 좋다. 스스로 벌칙 종목을 정하면 아이도 자신의 행동을 조절하고, 부모에게 일방적으로 혼날 때 느끼는 수치심도 사라진다.

4. 실패를 끝이 아니라 성공의 과정으로 생각하라

자신이 행복하다고 생각하는 하버드대학교 학생들은 누가 자신의 잘못을 지적하면 고맙다는 말을 한다고 한다. 박사 과정에서 탈락하면 왜 자신이 떨어졌는지를 묻고 어떤 부분이 부족한지를 되새긴다.

　실패로 고통스러웠던 경험을 나쁜 감정으로 끝내지 말고, 성공하기 위한 좋은 경험이나 하나의 과정임을 일러주자. 그러면 아이는 다음 차례에는 고통스러웠던 경험을 또 다시 느끼지 않기 위해서는 다른 방법으로 문제를 해결하려고 한다. 같은 실패를 경험하지 않기 위해서다. 이와 같이 스스로 판단하고 일을 처리하는 경험이 쌓이면 그 결과도 예측하기가 훨씬 쉽다. 만약 실패해도 잘못된 부분을 파악하고 일을 수행하는 데 시간이 더 필요한지 판단해 합리적인 해결책을 스스로 모색할 수 있다.

5. 실패했을 때의 감정에 솔직해지자

실패를 하고서도 긍정적인 태도로 포장하는 아이들의 내면은 약한 모습을 보이기 싫다는 두려움이 자리하고 있다. 그런데도 자신의 진짜 감정을 감추고 좋은 척 포장하면 더 큰 우울이나 불안, 공포 등의 감정에 부닥쳐 자존감이 무너지기 쉽다. 자기 감정을 제대로 알면 스스로를 보호할 수 있다.

　아이가 솔직하게 자기 감정을 표현하는 길은 가족 간의 대화다. 일주일에 한두 번, 가족 사이에 있었던 일을 이야기하면서 감정 상태를 확인하고 좋지 않은 감정을 순화시키도록 하자. 이를 통해 아이는 자신의 감정을 조절할 수 있다. 감정조절능력이 잘 갖춰지면 스트레스나 압박이 심한 상황에서도 불안, 두려움, 화 등을 차분하게 다스릴 수 있다.

닫는 글

'학교는 변해야 한다'는 메시지에 응답한 교육 실험 프로젝트

〈학교의 고백〉을 본 후 시청자 게시판에는 학부모, 교사, 학생의 뜨거운 고백이 올라왔다. 의욕적으로 장애인학교 교사로 사회에 첫발을 내딛었지만 어느새 회의와 좌절이 찾아오고 결국 자신의 무능함을 탓하다가 2년 만에 전근한 선생님은 그때의 아이들에게 눈물 어린 글로 미안하다고 사과했다. 방송을 보고 아이가 리드 그룹으로 커가길 바라는 욕심에 영어 유치원을 보내려는 결심을 바꿨다는 다섯 살과 세 살 자녀를 둔 직장맘의 고백도 있었다. 아이를 좀 더 자유롭게 키우자는 남편과 말다툼을 벌이면서까지 빡빡한 학습을 하는 영어 유치원 입학을 고수했지만 방송을 시청하고 나서 활동적인 남자아이의 에너지를 발산시키는 환경을 만들어주는 게 더 중요하다는 점을 깨달았다고 한다. 교육과 관련해 대대적으로 '고백 운동'을 펼치자는 주장도 있었다. 역대 교육 정책을 입안한 장관과 고위 관계자들, 교장 선생님, 교사, 학부모들이 줄줄이 고백하고 용서를 구하자는 내용이다. 우리의 잘못된 교육을 책임져야 할 어른들부터 반성하고 용서를 구해야 한다는 따끔한 질책이다. 학교의 고백에 응답해 쏟아지는 각계각층의 고백을 통해 시청자들은 무엇을 느꼈을까?

"학교의 고백을 보면서 희망을 발견했습니다."
— 학부모

"임용고시를 준비하면서 과연 어떤 선생님이 되어야 하는가를 끊임없이 생각했습니다."
— 임용고시를 준비하는 예비 교사

"한국 교육에 변화가 찾아와 학교가 좀 더 행복하고 활기차고, 배움에 대한 흥미를 느끼며, 배움이 진정 무엇인가를 알게 되었으면 합니다. 정말 자신이 원하는 바를 알고 자신의 꿈을 마음껏 펼칠 수 있는 날이 왔으면 좋겠습니다. 교육은 이 나라의 미래입니다."
— 대학생

성찰과 더불어 고백의 마지막은 아직까지 우리 학교에 희망이 남아 있다는 것이다. 그리고 그 희망 속에서 학부모, 교사, 학생은 '학교는 변해야 한다'는 변화 욕구와 기대를 아낌없이 드러냈다.

여기 나온 놀이 수업과 정치 교실, 코끼리 만지기 프로젝트, 역전클럽은 유치원생부터 초등학생, 중학생, 고등학생들의 이야기다. 일반학교도 있고, 시각장애인이 다니는 특수학교도 있다. 대부분 정규 수업에 포함돼 진행됐지만, 역전클럽처럼 방과후 자율 학습이 주요 거점인 경우도 있다. 그야말로 학교의 다양하고도 폭넓은 현실을 보여준다. 우리는 여기서 현실적인 상황에 의해 접을 수밖에 없었던 새로운 수업 방식을 제시하고자 했다.

학생들의 연령층도 다르고, 학교 환경도 다르고, 수업의 목적도 저마다 다르지만, 그럼에도 이 수업들을 관통하는 두 가지가 있다.

첫째는 프로젝트 학습이다. 유치원의 놀이 중심 학습, 시각장애인 학교의 미술 수업, 한 초등학교의 정치 교육 수업, 역전클럽의 수업은 팀 프로젝트로 진행되었다. 교사가 주제를 제시하면 학생들은 놀이, 공작, 실험 등 다양한 방법으로 프로젝트를 수행한다. 수업 장면만 봐서는 미술 수업인지, 사회 수업인지 분간하기 어려울 정도지만, 아이들은 신나고 재미있는 학교 수업을 만들어가며 어려운 과제를 함께 해결해나갔다. 소심했던 아이, 공부에 싫증을 내던 아이, 친구들과 잘 어울리지 못했던 아이들도 소외되지 않고 프로젝트 학습에 함께 참여하면서 값진 결과를 얻어냈다.

둘째는 스스로 배우는 아이들이 있다는 사실이다. 교사는 수업 중간중간 적절한 질문을 하거나 도움을 주는 선에서 벗어나지 않고, 아이들은 자기주도적으로 학습에 참여했다. 필요하면 규칙을 알아서 정하고, 체험 활동을 통해 원리를 알아갔다.

부모와 교사는 더 많은 것을 가르치기 위해 아이들의 일에 개입하지만, 아이들은 반대로 스스로 무언가를 할 수 있는 기회가 많아질수록 자기주도적으로 참여하고 더 많은 것을 배운다. 부모와 교사가 무엇을 하라고 간섭하기보다는 아이에게 변함없는 신뢰를 보낼 때 아이들은 스스로 알아서 배운다는 걸 여실히 보여준다.

    살아 숨 쉬는 생명력 있는 학교를 만들고 아이들이 행복해지기 위해서는 교실 안에서부터 변화가 이루어져야 한다. 방송에서 보여준 프로젝트는 실험적인 내용이지만, 이 프로젝트가 보여준 가능성은 우리 교육이 어느 방향으로 나갈 것인지에 대한 대안을 보여준다. 그 변화를 모색해가는 과정을 통해 교육이 자리를 잡을 때까지 학교의 고백은 계속 이어질 것이다.

EBS 교육대기획 〈학교의 고백〉 방송 소개

행복한 교육으로 향하기 위한
10가지 우리들의 뜨거운 고백

1,2부 학교의 고백
"변화를 위한 학교의 진솔한 고백!"
무너진 학교를 살리고 진정한 교육이 있는 학교를 만들기 위해 찾아간 변화의 현장. 아이들의 행복한 성장을 위해 공교육의 변화를 시도하는 태봉고등학교, 여주중학교의 이야기.

3부 역전클럽 180
"역전 180일! 자존감 회복 프로젝트!"
공부 못해 서러운 아이들. 무관심과 외면으로 힘들어하던 아이들이 성적 향상을 목표로 밑바닥이었던 학력을 신장시키고 무너진 자존감을 회복하기 위해 힘찬 행보를 시작한다!

4부 교장 선생님, 뭐하세요?
"국내 최초 학교장 변신 프로젝트"
근본적인 학교 변화를 위해 교장 선생님들이 나섰다. 기존의 권위를 내려놓고 변하기 위해 스스로 정한 실천 과제를 수행하기 위한 교장 선생님들의 눈물 겨운 분투기!

5부 정치 교실
"작은 사회, 학교에서 배우는 정치 이야기"
어른들의 왜곡된 정치가 아닌 올바른 정치 수업을 받았을 때 아이들은 정치를 어떻게 받아들일까? 교실에서 벌어지는 역동적인 정치 활동을 통해 모두가 함께하는 사회를 말한다!

6부 잘난 아이들
"잘난 아이들의 학교 생활기"
낮에는 일하고 밤에는 공부하는 아이들이 불우한 환경 속에서도 당당하게 홀로 서는 법! 우리 시대 학교의 진정한 역할에 대한 고민이 녹아 있다.

7부 용택 준혁, 학교에 가다
"우리가 가고 싶은 학교의 모습"
선생님을 엄마, 아빠로 부르는 알로이시오초등학교, 학교 폭력의 아픔을 딛고 일어서는 인천해밀학교 등 우리나라 방방곡곡, 학생과 교사 모두가 행복한 현장을 찾아간다.

8부 코끼리 만지기 프로젝트
"손으로 세상을 보는 아이들의 미술 수업 이야기"
시각장애 아이들이 코끼리를 직접 만지고 만들어보는 '코끼리 만지기 프로젝트'를 진행한다. 가슴으로 느끼는 편견에 대한 오해와 보이지 않은 깨달음!

9부 놀면서 배우는 아이
"내 아이, 노는 만큼 성공한다"
아이들에게 놀이란 어떤 의미일까? 즐거운 놀이 시간을 빼앗긴 아이들에게 놀이 시간을 돌려주자, 놀라운 기적이 일어난다. 놀이를 통해 아이들의 숨겨진 잠재력이 펼쳐진다.

10부 힐링 다큐- 말해줘서 고마워
"아이들이 쏟아내는 진짜 이야기"
아이들은 학교에서 어떤 꿈을 꾸는가! 성적, 외모, 이성, 자살과 왕따 등 아이들이 이제껏 이야기하지 못했던 이야기를 들려준다! 진솔한 감동이 있는 아이들의 진짜 고백!

EBS 교육대기획
스스로 가능성을 여는
아이의 발견
© EBS 2013
All rights reserved

1쇄 발행 2013년 8월 22일
3쇄 발행 2020년 11월 25일

기획 EBS 미디어
지은이 EBS 〈학교의 고백〉 제작팀
펴낸이 김정순

책임편집 배경란
디자인 김수진
마케팅 양혜림 이지혜
본문구성정리 손혜령

펴낸곳 (주)북하우스 퍼블리셔스
출판등록 1997년 9월 23일 제406-2003-055호
주소 04043 서울시 마포구 양화로 12길 16-9 (서교동 북앤빌딩)
전자우편 editor@bookhouse.co.kr
홈페이지 www.bookhouse.co.kr
전화번호 02-3144-3123
팩스 02-3144-3121

ISBN 978-89-5605-683-8 (14590)
    978-89-5605-686-9 (set)

* 이 책은 EBS 미디어와의 출판권 설정을 통해 〈EBS 학교의 고백〉을 단행본으로 엮었습니다.
* 〈학교의 고백〉 방송에 이어 책의 출간을 허락해주신 분들께 깊은 감사의 뜻을 전합니다. 본문에 실린 실험 참가자들의 이름은 가명 표기하였으나 방송의 의미를 살려 실명 표기를 한 분들도 있습니다. 그밖에 미처 양해를 구하지 못한 분들은 편집부로 문의주시기 바랍니다.